BUZZ

Publisher ANDERSON CAVALCANTE
Editora SIMONE PAULINO
Projeto gráfico ESTÚDIO GRIFO
Assistentes de design LAIS IKOMA, NATHALIA NAVARRO
Preparação JULIANA BITELLI
Revisão JORGE RIBEIRO

Dados Internacionais de Catalogação na Publicação (CIP)
de acordo com o ISBD

Sant'anna, Adriana
Nunca foi sorte / Adriana Sant'Anna
São Paulo: Buzz, 2019
192 pp.;

ISBN 978-65-86077-74-2

1. Autoajuda I. Título

CDD-158.1 / CDU-159.947

Elaborado por Odilio Hilario Moreira Junior CRB-8/9949

Índices para catálogo sistemático:
1. Autoajuda 158.1
2. Autoajuda 159.947

Buzz Editora Ltda.
Av. Paulista, 726 – mezanino
CEP: 01310-100 São Paulo, SP

[55 11] 4171 2317
[55 11] 4171 2318
contato@buzzeditora.com.br
www.buzzeditora.com.br

NUNCA FOI SORTE

adriana sant'anna

introdução

A vida é um milagre divino; cheia de beleza e de caminhos tortuosos que nos levam a lugares incríveis. Infelizmente, aos poucos, perdemos a capacidade de despertar para essa beleza. Todos os dias, quando acordamos, não nos damos conta de que estamos caminhando em direção à morte – todo dia é um dia a menos, e o que nós fazemos sobre isso? Muitas vezes, empurramos com a barriga a oportunidade de dispor de 24 horas para agir. Ignoramos o amanhecer, a rotação da Terra. Ignoramos o fato de que podemos utilizar esse tempo em nosso favor, criando uma vida repleta de bênçãos, que nos traga a sensação de estarmos vivos.

Será que nós acreditamos em nosso poder de criar nossa própria realidade? Será que ainda não percebemos que podemos fazer de nossa vida aquilo que bem entendermos, que temos a capacidade de reinventar nossa vida, de criar hábitos poderosos que se tornem parte de nossa existência e que constroem uma vida em que vamos adiante, ao invés de estacionar ao nos depararmos com os problemas?

Para aqueles que já me conhecem pelas redes sociais, aí vai um aviso: elas não traduzem quem somos de verdade. Lá, existe apenas um pouco daquilo que desejamos mostrar aos outros. Somos tão complexos que, às vezes, nem aqueles que convivem conosco são capazes de traduzir quem somos de verdade. Hoje, compartilho muitos momentos de minha vida pelas redes. Faço isso porque minha maior motivação é perceber a transformação daqueles que antes eram incapazes de enxergar que poderiam ser os protagonistas de suas vidas.

Todos somos seres divinos, com capacidades infinitas. Rótulos não nos definem, pois a cada dia renascemos para a vida que queremos ter. Mas, veja bem: não acredito que sejamos vítimas de nossa história. Um destino de sucesso só é possível se nos engajarmos na ideia de que somos nós os construtores dessa bela jornada que se chama vida; essa breve vida que muitos desperdiçam por não saber que é possível conduzi-la da maneira como se quer. Muitos não sonham, estão presos em suas amarras mentais, medos, inseguranças, problemas, dificuldades; eles não conseguem enxergar além da negatividade que parece os perseguir.

E por que estou dizendo isso? Porque acredito que, assim como eu, você tem uma história; boa ou ruim, ela é a sua história de vida, e foi com ela que você criou os padrões que fazem com que você enxergue sua vida.

Muitos de nós cresceram repletos de magia; éramos crianças que usavam a imaginação para conceber desejos, mas, ao crescer, se desapontaram com pessoas e com situações, se fechando e deixando o coração endurecer. Existem muitos, de coração duro, que não conseguem perceber a beleza da vida. Muitos desacreditam a vida; eles passaram por dias difíceis e dolorosos e por isso se afastaram da luz, aquela que brota de nosso interior. Essas pessoas perderam o significado de suas vidas, elas caminham sem direção, sem propósito, com medo dos passos em falso. Essas pessoas vivem sem viver de verdade, elas enxergam os desafios como obstáculos e não procuram, internamente, soluções criativas que podem transformar situações que parecem nebulosas.

A partir de agora, o meu convite é para que você viva um novo tempo, porque, apesar de nossas dores, traumas e desafios, nós precisamos, com urgência, despertar para a vida.

Embora eu já observasse minha existência como uma incrível oportunidade de criar aquilo que eu quisesse, percebi isso, verdadeiramente, no nascimento dos meus filhos Rodrigo e Linda. Presenciar o nascimento de uma nova vida é fascinante. Transbordar de amor com este fato me fez perceber como as energias nos colocam num patamar completamente diferente quando estamos de bem com as coisas. Sim, acredite: a vida, em seu máximo potencial, é ainda melhor quando transbordamos amor. Por isso, hoje, se existe algum desafio em qualquer área da minha vida, sem exceção, fico atenta e sei que é preciso colocar uma dose de amor ali.

Sempre vivi tudo tão intensamente que mal pude contabilizar todas as situações que me conduziram até aquele ponto. As palavras de Pedro Bial, jornalista que apresentava o *reality show* de que eu participara, em 2011, ainda ecoavam dentro de meu coração. Eu tinha sido eliminada do programa, mas ainda podia ouvir aquela voz macia que revelava o que eu viveria fora da casa em que estávamos confinados: "Quem é belo o é naquele instante, quando está diante dos olhos. Quem também é bom, o será agora e sempre. Uma estrada de bondade e beleza se abre para você aqui fora, Adriana". Naquele dia, meu coração era monitorado por um aparelho que media os batimentos cardíacos. Era difícil descrever o que eu sentia, as emoções estavam à flor da pele.

Estar com uma criança nos braços também me trouxe aquela sensação. Eu finalmente vivia um momento pleno de bondade e beleza. Mas isto seria o bastante? Estava, de fato, onde eu queria estar?

Você já deve ter passado por crises existenciais ou por aqueles momentos em que falta a certeza de estarmos trilhando o caminho que nos leva aonde queremos chegar. Se hoje sei que todos podemos ser o que quisermos, sei que esse fato está atrelado ao poder de nossas decisões, sejam elas pequenas, como controlar o horário em que levantamos da cama, ou grandes, como se atirar sem qualquer rede de proteção, despertando um infinito de possibilidades, em que não se imagina qual direção tomar. Qualquer que seja a sua decisão, no dia de hoje, persista e persiga seu objetivo com unhas e dentes – acredite, tudo é possível.

Hoje, vivo um momento mágico, mas só vivo este momento porque me arrisquei e decidi viver a vida como o verdadeiro milagre que ela é. É por isto que escrevo este livro: para inspirar você a também transformar a sua vida em sucesso, em todos os níveis; uma vida na qual você se sinta bem apenas por existir.

Não tenho varinha de condão nem resolvo tudo como num passe de mágica. Nunca foi sorte. Pelo contrário, foram anos de muito trabalho, persistência, esperança e, acima de tudo, anos acreditando, sempre, em mim mesma. Só que nada disso seria possível se eu não tivesse tido a disciplina de criar a vida que eu queria para mim. Ainda me lembro dos dias de solidão, em que chorava e pedia explicações a Deus por não ter qualquer resultado em minha vida. Até aquele momento, eu vivia uma vida de ilusão, de faz de conta, sem expor a ninguém a real dificuldade que eu enfrentava; estava no fundo do poço: sem dinheiro, sem comida, sem conseguir sequer pagar o aluguel. Nesses dias, em que enfrentei tantas dores e desafios, eu chorava de medo, de tristeza, de raiva. E embora na manhã seguinte eu levantasse da cama, com disposição para tentar tudo mais uma vez, as dores persistiam, como se minha existência fosse pesada demais para ser carregada por muito tempo.

E quem nunca se sentiu dessa forma? Quem nunca se arrastou pelos dias, lamentando uma vida que não teve, implorando a Deus uma nova chance, mas rodando em círculos por não ter coragem de fazer algo diferente – coragem de mudar, de tomar pequenas decisões em direção aos sonhos? E mais, coragem de dizer não aos outros e sim a si mesmo: sim aos sonhos, às próprias convicções, às certezas internas?

Os altos e baixos eram constantes e embora eu estivesse aprendendo a lidar com a instabilidade, ainda sofria com a falta de recursos financeiros. Seria possível que uma vida escassa como aquela estivesse destinada a mim a partir dali, mesmo depois de tanto sonhar e de batalhar por meus sonhos? Ainda assim, eu me recusava a endurecer o coração: mesmo que a vida trouxesse tempestades, meu maior desafio era manter a doçura, era viver a vida apoiada em bondade e beleza, como havia sido profetizada certa vez, em um canal de TV. Mas, onde se escondia aquela vida? Onde eu poderia desfrutar dela? Onde eu encontraria o tesouro, que parecia tão secretamente guardado em algum lugar cuja direção eu desconhecia?

Nessa época, me lembrava de quando era criança e do esforço de minha mãe em me criar, trabalhando em diferentes escolas para compor um salário suficiente, e as lágrimas rolavam.

O que eu não sabia é que as lágrimas continuariam a rolar no meu rosto. Mas por motivos felizes: no dia em que subi ao palco do Power House e realizei o sonho de falar para milhares de pessoas; no dia em que fechei o contrato para trazer um autor internacional ao Brasil; no dia em que percebi que minhas palavras ecoavam pelo mundo através das minhas redes sociais e que, a partir delas, eu poderia ser o farol daqueles que buscavam a luz; no dia em que percebi que, uma vez encontrada a minha própria luz, eu tinha o dever de compartilhá-la, para que cada um construísse seu mapa de acesso à trilha que nos leva a uma vida incrível.

Se hoje você passa por dificuldades, saiba que para tudo existe uma saída e eu sou a prova viva disso: me reinventei constantemente, até conseguir compor a Adriana que sou hoje, resultado de massivas e constantes ações, de sofrimento, de horas de choro, de sonhos, de alegrias e de medos – assim como acontece com você. E mais, mesmo que você não tenha tido qualquer desafio até aqui, mas ainda não chegou no lugar onde queria chegar, este livro também pode ajudar você.

Quero que você entenda que é possível, sim, conquistar todos os seus sonhos. Mesmo que você pense em desistir, mesmo que a vida lhe dê motivos para chorar, está na hora de despertar para o seu potencial máximo.

Eu convido você a enfrentar essa nova jornada. Porque, a partir de agora, uma vida de bondade e beleza se abre para você.

Nunca foi sorte.

1

como você pode ser a mudança?

Preciso avisar que as palavras que você vai ler agora podem mudar radicalmente sua vida. Você pode constatar que sua vida chegou ao final: o final das tragédias, das reclamações, dos medos, da escassez que sempre o acompanharam.

Uma vida morna e sem satisfação é a pior das prisões. Uma vida limitada é uma vida inútil e devemos nos proteger dessa limitação de todas as formas possíveis. Somos criadores de nossa felicidade e sempre fomos, mas nos enxergamos como vítimas de um sistema que condiciona nossa existência. Vivemos limitados porque acreditamos que os outros têm controle sobre nossa felicidade e nosso sucesso. Delegamos o sucesso ao acaso, e invejamos quem conquista a vida com que sempre sonhamos, mas que não tivemos coragem de pagar o preço para ter.

Se você foi envenenado pelo fracasso, pela autopiedade ou se você acredita que sua vida está destinada a se passar num muro interminável de lamentações, entenda que é sua responsabilidade aceitar ou não uma existência infeliz. Está em suas mãos: você pode optar, todas as manhãs, por como viver o seu dia; você pode escolher se preocupar, trabalhar em algo que o enoja para pagar as contas, ser vítima da insensatez humana, da falta de fé, ou você pode perceber que existem possibilidades que estão sob o seu controle e outras que jamais estarão. A partir daí, você pode reconstruir a própria vida de um novo ponto de partida, pode sonhar uma vida de realizações a partir do nada – você pode porque somos criadores da nossa realidade e merecemos uma vida cheia de maravilhosas surpresas.

Todos nascemos com certas desvantagens, é bem verdade. Alguns de nós com desafios de saúde, outros com condições sociais precárias; alguns nascem e são levados a acreditar que não podem chegar ao lugar que quiserem. Por fim, somos bombardeados com a crença de nossos pais de que sobreviver é o mesmo que viver com plenitude.

As crianças possuem uma capacidade inata de acreditar naquilo que elas não veem, de imaginar novas situações; nós perdemos essa capacidade com o tempo: crescemos e deixamos o entusiasmo para trás, o medo começa a tomar conta – "e se não der certo?", o "e se" começa a perturbar nossos dias. Não à toa, muitos de nós não dormem à noite: é no escuro que os medos surgem, que criamos os nossos monstros; esses medos e esses monstros são alimentados com tanto cuidado que não percebemos que, pelo contrário, se alimentássemos os sonhos, voaríamos muito mais longe.

De qualquer maneira, o fato é que todos os dias temos uma escolha. Ao acordar, temos a mágica oportunidade de despertar para a vida. Essa escolha pode ser feita conscientemente, através do amor: o mesmo amor que move uma mãe a buscar uma alternativa para gerar renda para a sua casa; o mesmo amor que movia a minha mãe a trabalhar em cinco escolas diferentes para colocar comida em nossa mesa. É esse o amor que nos move.

Acredito em Deus, acredito que Ele nos dá a vida, mas a partir disso, somos nós que devemos partir em busca de nossos sonhos: não adianta parar e esperar que as coisas aconteçam em sua vida, ou achar que alguém vai jogar algo em seu caminho, se você não sair em busca daquilo que quer. Ele nos deu a vida para que transformássemos nossa realidade da maneira que quiséssemos. Assim, podemos escolher o caminho do bem ou do mal. Se queremos crescer, é preciso correr atrás, sacrificar certos momentos de nossa vida e fazer acontecer.

Ainda criança, eu já sabia que a conta mais difícil para a minha mãe, uma esforçada professora de Matemática, era a de entender como ela poderia trabalhar mais para conseguir arcar com os custos da casa. Ela não precisava dizer o quanto era difícil, mas, como eu disse anteriormente, chegava a trabalhar em até cinco escolas ao mesmo tempo; em uma delas pude estudar e desfrutei de um ensino particular graças ao suor de minha mãe. Por amor, ela abdicava de seu salário para que eu e meu irmão pudéssemos ter acesso aos estudos e ao material escolar; por amor, ela se sacrificava constantemente. Hoje, percebo que esse amor pode nos levar a patamares inacreditáveis.

À época, minha mãe não tinha a oportunidade de desfrutar de uma vida tranquila. Ela tentava fingir que tudo estava bem, mas, com frequência, eu a via chorar de cansaço. Como nos encontrávamos pouco, devido ao seu modo incansável de trabalhar, eu a observava, sempre correndo: quando passava em casa, era para preparar a comida para nós; nos finais de semana, limpava a casa, lavava roupa e, se sobrasse algum tempo, corrigia provas até a madrugada.

Eu ainda não entendia o funcionamento da vida, mas queria uma fórmula mágica, uma equação qualquer, que pudesse resolver o problema que vivíamos. Não era natural que uma mulher se esforçasse tanto e obtivesse tão pouco resultado. Esse fato me causava uma angústia permanente, e eu sofria para encontrar a solução para que aquela professora de Matemática resolvesse a vida de nossa família, sem precisar de uma conta tão complexa. Dia e noite eu me perguntava: "como é que eu posso ser a mudança?". Naquele tempo, eu só conseguia enxergar as dificuldades pelas quais passávamos, mas conforme cresci, coloquei na cabeça que queria encontrar uma maneira de mudar nossas vidas.

Hoje, fala-se muito sobre "fazer aquilo que se ama", mas é importante lembrar que nem sempre existe essa opção. Para minha mãe, embora ela gostasse de lecionar, nunca houve a opção de jogar tudo para o alto. Comida na mesa era a principal preocupação daquela mulher que vivia para buscar alternativas para implementar a renda familiar. Por sorte, ela era boa em finanças, controlava cada gasto e nada parecia sair do controle. Em Campos dos Goytacazes, interior do Rio de Janeiro, eu a observava anotar tudo em seu caderninho; nem sonhava que, em breve, teríamos uma grande reviravolta em nossas vidas.

Quando ela e meu pai decidiram se separar, enfrentamos a mais dura das situações. Ainda me lembro bem da expressão de minha mãe ao colocar nossas roupas em sacolas e tomar a mais ousada das atitudes: assumir o financiamento de um apartamento, mesmo sem condições de fazê-lo. Ela não tinha reserva nem poupança, pegou quatorze mil emprestados a juros, para dar como entrada. Nesse período aprendi a viver com pouco, não tínhamos sequer a garantia de um sono tranquilo, dormíamos no chão e não havia como comprar camas. Mesmo assim, minha mãe pedia que não nos preocupássemos. Mas eu não estava preocupada. Enquanto vivíamos aquele aperto, eu me perguntava como ela podia ser tão otimista – mesmo que eu soubesse que otimismo não era uma de suas mais fortes características.

Minha mãe não tinha tido medo de nenhum desafio, ela trabalhava sem pausas para nos sustentar e dar conta do compromisso que obteve com o financiamento. Ela sabia que eu e meu irmão dependíamos do sustento dela e, por isso, fazia tudo o que estava ao seu alcance. Hoje, quando relembro essas passagens do tempo, penso na força que deve ter uma mãe para acalmar o coração dos filhos, mesmo quando o dela vive uma tempestade. Para não chorar, ela costumava firmar o olhar em um ponto fixo da parede, e tentava sorrir, engolindo as próprias palavras com o arroz feito no dia anterior e o ovo, sempre com o mesmo sabor.

Talvez você já tenha se encontrado no papel de minha mãe, talvez no meu ou em nenhum dos dois. Não importa de onde viemos, se temos a capacidade de enxergar as oportunidades para modificar o rumo de nossas vidas. Acontece que, na época, eu era apenas uma criança que queria mochila e roupas novas; era ainda mais desafiador para ela ter que me explicar, com paciência, que não era possível comprá-las naquele momento. Por essas e outras, eu não via a hora de me tornar adulta, poder trabalhar e ajudar com as despesas da casa. Pensava: se eu estudasse e fizesse uma faculdade, conseguiria nos tirar de toda aquela miséria.

Sempre que penso no quanto esses anos foram desafiadores, reverencio minha mãe e seu esforço para nos proporcionar o mínimo de dignidade. Honrar nossos pais é o primeiro caminho para a prosperidade – e durante toda a vida. Talvez você não tenha ouvido dizer, mas essa é uma das premissas instituídas nas escrituras mais antigas às quais já tivemos acesso.

Mas a vida não precisa ser cheia de marcas deixadas pelas batalhas daqueles dias difíceis. A vida não precisa ser uma reprodução daquilo que nossos pais fizeram, não precisamos seguir seus modelos. Porque as infinitas possibilidades nascem com o nascer do sol; todos os dias, quando decidimos criar o novo.

Muitos de nós, marcados pelas histórias de sufoco, crescemos acreditando que não é possível romper com esse padrão e mudar. Repetimos a história de nossos pais e acreditamos que não há saída. Mas vou lhe dizer o seguinte: há saída para essa situação, se encontrarmos a coragem que existe dentro de nós. Há saída, se conseguirmos ser a mudança no mundo, ao invés de esperar que o mundo nos proporcione algo novo. Precisamos manter o coração aberto para a felicidade. Devemos ter a certeza de que nossas ações provocarão resultados, que podemos agir com confiança, dando passos que nem sempre parecem seguir a lógica do senso comum.

Para isso, é preciso estar disposto a abandonar a vida da maneira como você a entende e enxergar o mundo de um jeito totalmente novo. Para alguns, isso pode parecer estranho. Toda transformação parece estranha, porque ela exige muito de nós. Ela exige mudanças que muitas vezes não estamos acostumados a enfrentar, exige que cresçamos e paremos de enxergar a vida como se ela fosse "mãezinha" que consegue tudo para nós. Essa mudança representa o momento em que se deve assumir que existe o tempo do plantio e o da colheita, que podemos transformar a realidade, se olharmos de frente para ela e enxergarmos tudo aquilo que nos incomoda, sem varrê-la para debaixo do tapete. Nesse momento, a vida dá uma pausa. Voltar o olhar para tudo de ruim, pode ser um período de trevas, mas é necessário para, mais adiante, enxergarmos as soluções e medidas que precisam ser tomadas.

A vida é movimento, e o movimento nasce a partir de nosso coração. É ele quem nos impulsiona a fazer progressos para o futuro, quem nos faz agir a partir da visão e da perseverança. A inquietude gerada pelo medo que insistimos em alimentar é um fantasma em nossas vidas. Vivemos sob pressão, acreditando que, um dia, a vida que desejamos caiará do céu sem que haja qualquer batalha pela sua concretização. Muitos esperam a sorte "bater a porta". E sobrevivem.

Só por hoje, quero que você viva seu dia como se dele dependesse toda a sua vida. Nós não fomos criados para uma vida medíocre. Trabalhe incansavelmente para conquistar os seus sonhos e pague o preço por isso. Dê o melhor de si em todas as circunstâncias de sua vida: a colheita é certa e o controle de seu destino está em suas mãos.

Não quero que você apenas trabalhe e alimente pensamentos positivos, quero que você comece a viver a vida da maneira como o seu coração acredita ser a maneira certa. Nem sempre a lógica que conhecemos é a mais eficaz e as mudanças se fazem necessárias durante qualquer percurso. Eu, por exemplo, já participei de um *reality show*, já estudei Odontologia, já me tornei uma palestrante de desenvolvimento pessoal e hoje entendo que posso me reinventar a cada dia, conforme encontrar possibilidades que me atraiam. A criatividade diante dos desafios é o que nos movimenta. As soluções não nascem prontas, temos a capacidade de criá-las, rompendo padrões, crenças e modelos preestabelecidos, pensamentos derrotistas e uma mentalidade escassa.

Não podemos ficar parados, evitar mudanças e nos apegar a estados emocionais ou mentais, a trabalhos, a tipos de vida ou situações: a vida milagrosa só é possível quando saímos da zona de conforto e começamos a planejar e a arriscar, Para ser a mudança, precisei agir de maneira diferente daquela que esperavam de mim, à época.

Minha primeira ação foi planejar a entrada na faculdade de Arquitetura; acreditava que, lá, eu encontraria a solução para todos os meus problemas. Em meio a tudo, pensava constantemente numa maneira de poder retribuir tudo o que minha mãe tinha feito por nós, e me preocupava em como faria isso. Descobri, então, a possibilidade de iniciar o ensino superior, em pouco tempo, por meio do supletivo. Pedi que meu pai me ajudasse a pagar o supletivo, já que a minha mãe não conseguia mais arcar com nenhuma despesa extra. Assim, acelerei os estudos e, aos dezesseis anos, ingressei na faculdade – passei no vestibular para Arquitetura. Como passei a estudar no período noturno, consegui um emprego de recepcionista em um consultório; lá, ganhava o equivalente a seiscentos reais. O dinheiro me trazia a sensação de dever cumprido.

Quando falo sobre sermos a mudança, e não passarmos a vida à espera, quero dizer que podemos ter a atitude de mudar o meio ou o funcionamento de algo, assim que tomarmos uma decisão. Hoje, brinco que nada me assusta, nenhuma circunstância determina meu destino.

Não devemos ter vergonha de nosso passado, ou das quedas que tivemos ao longo do caminho. Precisamos estar cientes de que essas quedas podem ser apenas tropeços que nos ensinam a levantar; conforme aprendemos a cair, decidimos quão rápido vamos nos levantar e, conforme nos levantamos, levantamos todos que estão a nossa volta. Este é um percurso sagrado: pensar em como gostaríamos de viver a vida, sabendo que nossa transformação interior impacta positivamente em todos a nossa volta.

Era preciso, portanto, que eu buscasse equilíbrio, mesmo sem saber onde. Era preciso que eu tentasse me conhecer, reconhecer o meu interior de paz, apesar dos picos de emoções que eu mal sabia controlar. Era necessário que eu soubesse lidar com os altos e baixos, o *stress*, a ansiedade, e entender para onde direcionar minha energia. Embora, naquele momento, não soubesse nada disso, eu entendia que a faculdade poderia gerar novos contatos, novos pontos de vista, e que, dessa forma, eu poderia me tornar uma pessoa melhor.

Consegui uma bolsa com um desconto considerável e meu pai ajudava com a mensalidade. O pouco que restava, finalmente, possibilitava que eu colaborasse com as compras da casa. Mesmo que não ajudasse muito, eu sentia a felicidade da minha mãe ao me ver batalhar, era uma satisfação íntima de me ver crescer. A rotina era puxada: muita caminhada debaixo de sol quente para ir e voltar do trabalho, uma correria danada para conseguir almoçar e uma saudade colossal da minha mãe, que agora eu quase não via, porque nossos horários eram incompatíveis.

À época eu ainda não sabia, mas já era movida por mudanças. Apesar do cansaço, elas me dariam força para buscar o que eu queria. Muitos de nós resistem quando escolhem um caminho e, no meio dele, percebem que não lhes servirá; elas persistem no erro, com medo de demonstrar que mudaram de ideia.

Quero dizer que nossas certezas não precisam ser duras como fósseis. Antes mesmo de terminar o segundo semestre em Arquitetura, eu já sabia que não era aquilo que eu queria. Sentia que, além de não trazer a desejada liberdade financeira, aquela área não me interessava tanto quanto eu costumava imaginar. Eu queria um retorno do investimento que fiz na faculdade e, considerando Arquitetura, esse retorno só viria depois de muito tempo. Batalhar não era o verbo que eu queria conjugar naquele momento. Afinal, eu tinha visto minha mãe envelhecer, varando noites para conseguir colocar comida em casa. A batalha tinha sido dura demais e eu queria algo mais efetivo, que trouxesse resultado, dinheiro e comida na mesa.

Foi nesse momento que o interesse pela Odontologia falou mais alto. Minha lógica foi bem simples: já que todo mundo tinha uma boca, era preciso cuidar dos dentes. Assim, ser dentista me parecia um bom negócio. Logo, comuniquei a minha mãe, que me apoiou na decisão e concordou que era uma profissão que traria mais retorno. No entanto, logo veio a dúvida: de onde tiraríamos dinheiro para bancar a faculdade de Odontologia, ainda mais cara que a de Arquitetura? A distância entre mim e meu pai, que já tinha outra família, era cada vez maior, mesmo assim, decidi que iria conversar com ele a respeito; afinal, eu era sua filha. Ele concordou com a escolha e decidiu que me ajudaria com os custos da faculdade.

O que veio a seguir, eu não poderia imaginar: meses depois, as parcelas não foram pagas e eu precisei cobrá-lo constantemente de nosso acordo. Sem poder trabalhar, já que o curso era integral, a solução era conversar com meu pai e pedir que ele não esquecesse de fazer os pagamentos, mas a estratégia nem sempre era eficaz. Meu coração ficou apertado: eu sabia que precisava fazer algumas mudanças; já não aguentava ver minha mãe envelhecer por tanto desgaste e eu sabia que também não queria me desgastar daquela maneira – viver uma vida em sofrimento pode ser uma escolha.

A partir daí, quando entendi que poderia não concluir a faculdade por falta de dinheiro, decidi dar um grito de liberdade, dar um jeito em minha vida. Pedi sinais, afinal, eu não tinha medo de mudanças, me jogaria onde fosse preciso. Se eu não queria mais contar com a sorte ou com os outros, era preciso que eu mesma fosse a mudança, era preciso fazer as coisas acontecerem.

Nesse ponto, eu sabia que minha história seria construída com ação. Meu maior ensinamento dizia que eu não podia esperar que as coisas melhorassem, não podia esperar pelo dia em que todos pudessem me ajudar ou que a sorte soprasse a meu favor: eu não podia mais me afastar dos processos de decisão, era preciso me aproximar da pessoa que eu queria me tornar, impulsionando uma nova jornada em que o medo não existisse. Para obter resultados, eu precisava começar de algum lugar; eu não tinha um plano de ação, mas tinha uma forte intenção que me favorecia a todo o tempo.

Era o início de uma reviravolta em minha vida. Sem saber, os anjos conspiravam a meu favor.

Partindo para a ação

Proposta de reflexão

Como você pode viver a mudança em sua vida?

Quais aspectos de sua vida precisam mudar e como você pode ser o protagonista dessas mudanças?

O que você precisa fazer para essas mudanças acontecerem?

entusiasmo: a arma mais poderosa da humanidade

Hoje, quem me conhece, não imagina quanto perrengue já passei em minha vida. Para aqueles que me seguem nas redes sociais e observam o meu dia a dia, pode parecer que tudo caiu do céu, mas esta não é, nem de longe, a verdade. A verdade é que o que me trouxe onde estou agora, além da determinação, da perseverança e da vontade de mudar de vida, foi entender que a arma mais poderosa à minha disposição era uma alma entusiasmada.

Disso, eu já sabia antes mesmo de conhecer os livros e cursos aos quais tenho acesso hoje. Eu ainda não sonhava que a confiança do homem em suas próprias forças fizesse com que ele fosse capaz de realizar coisas materiais que não poderia fazer quando duvidava de si mesmo. Não sabia também que uma alma entusiasmada poderia ser capaz de ultrapassar as montanhas que travam o caminho daqueles que trabalham pelo progresso. A fé, quando é forte, nos dá perseverança e energia, recursos para que possamos vencer os obstáculos.

Hoje, sei que todos os sábios disseram o mesmo, mas com palavras diferentes. Os livros que revelaram este segredo do sucesso também foram unânimes em apontar que, quando enfraquecemos, semeamos a falta de confiança da qual se aproveitam os adversários que deveríamos combater.

Vivi momentos difíceis, mas estava disposta a olhar minha vida de outra forma. Eu não queria colocar sobre mim o manto da vítima, daquela que culpa a todos pelo que acontece em sua vida e, mesmo sabendo que não vivia de verdade, sempre pensava em como poderia dar um jeito em tudo. Eu tinha fé em mim mesma e acreditava em minha força; isso fazia com que eu encontrasse os momentos certos, as palavras certas para tocar a alma das pessoas e criar uma esperança inabalável diante de qualquer tempestade.

Hoje, sei que posso transformar a minha realidade. Acreditar em si mesmo é importante, mas é a ação que tira os projetos do papel e faz as coisas darem certo: assim, eu acredito e coloco essa força em minhas ações para realizar aquilo em que acredito.

O meu caráter tinha sido moldado a partir da chama do amor de minha mãe, que não deixava a peteca cair, mesmo nos dias ruins. Eu sabia o que realmente importava, mas também tinha a exata noção do quanto o dinheiro fazia falta em nossas vidas. Essa era a balança, que ora pendia para que eu mirasse o céu, ora me fazia manter os dois pés no chão, me trazia a consciência de que eu precisava sonhar, mas que os sonhos também precisavam de ações concretas. Dessa forma, me sentar, pedir constantemente aos outros, acreditando que meus desejos iriam se realizar, era uma ilusão que eu não estava disposta a alimentar.

Se hoje vivo uma vida inspiradora e uma mudança radical de padrão, é porque, naquele momento, não me deixei abater pelas tempestades que teimavam em me fazer cair. A capacidade de me levantar e de me organizar internamente e de planejar minhas ações acompanhou meu forte desejo de sair de um ciclo em que não havia dinheiro para nada. Pude aceitar as lições que o passado me trouxe e me engajar a novas possibilidades. Nesse processo, eu sabia que a dor era inevitável, mas eu não poderia fugir dela: eu devia encará-la e aprender com tudo de ruim que tinha vivido no passado.

Superar desafios tornou-se minha meta de vida: eu queria prosperar, independente das circunstâncias em que vivíamos. Hoje, sei que todos nós enfrentamos momentos em que a vida parece nos dar uma rasteira. É cada vez mais comum encontrar pessoas caídas pelos cantos, abandonadas, sem conseguir se levantar depois de tantas quedas.

Mas, quer saber? Tente encarar tudo aquilo que você já passou como algo que o torna melhor. Não podemos nos definir por tudo de negativo que aconteceu em nossas vidas. Em alguns momentos, vai faltar combustível para alimentar o entusiasmo, mas, acredite, o que determina o seu destino é a maneira como você escolhe reagir aos desafios impostos pela vida. Essa reação vai impactar todo o seu destino, portanto, cabe a você escolher a vida que deseja viver, sua reação será determinada por você mesmo. Se você quer uma vida cheia de celebração, precisa assumir as rédeas de sua história e encontrar a força interna que, depois, se transformará em força de vontade; a força de vontade empodera para que você possa seguir em frente.

Quando escolhi viver de verdade, decidi que ia mudar o curso de minha trajetória; a primeira decisão foi prestar atenção aos sinais. O mais forte deles foi quando vi um comercial de um *reality show* na televisão. Tinha acabado de ser eleita *miss* da minha cidade e estava empolgada para concorrer ao concurso de Miss Rio de Janeiro – essa era uma trajetória que poderia me levar ao título de Miss Brasil. Como eu ganhava roupas para desfilar, ser *miss* era algo que me trazia a autoestima necessária para seguir em frente, de cabeça erguida.

Assim que assisti aquele comercial, resolvi me inscrever. Racionalmente, eu era levada a acreditar que as chances eram mínimas. Afinal, entre milhares e milhares de inscritos em todo o Brasil, por que escolheriam uma menina do interior do Rio de Janeiro para um *reality show* de tamanho porte? Ainda me lembro da voz de minha mãe; ela dizia que eu estava louca de colocar uma ideia daquelas na cabeça, mas era definitivo, eu não conseguia mais tirá-la. Esta era uma característica que começava a definir meu jeito de ser: quando determinava uma meta, me empenhava até que ela desse certo.

Alguma coisa dentro de mim começava a brotar: era a semente do entusiasmo; uma força que fazia com que eu me sentisse invencível quando queria levar uma ideia adiante. Sabia que era bom sonhar, mas eu queria, mais do que sonhar, fazer planos. Foi por isso que em uma das nossas viagens de final de semana, quando íamos de Kombi para o Farol de São Tomé e passávamos o dia na praia, decidi levar uma câmera para fazer o vídeo de inscrição para o programa. O roteiro estava desenhado em minha mente, a música que eu colocaria e o que iria dizer.

Eu ainda não sabia, mas isso fazia parte de uma poderosa estratégia de materialização de sonhos: a tela mental. Quando visualizamos algo que queremos muito, aquilo pode realmente acontecer. A maneira que materializamos nossos desejos é o que chamamos de sonho. Assim, eu dava forma a eles. Enquanto eu vibrava diante da tela da câmera, pedi que minha mãe gravasse um vídeo de apresentação caseiro, mas cheio de entusiasmo.

O desafio seguinte era encontrar alguém que pudesse editar o vídeo, mas eu já tinha uma pessoa em mente, a amiga de uma amiga. Por mais incrível que pareça, eu não tinha dinheiro para ir até a casa dela e a solução foi pedir a um amigo, o Antônio. Como recompensa, a promessa de que quando ganhasse o *reality*, eu pagaria o combustível de seu carro. Antônio riu da minha preocupação: ele não sabia se achava mais graça na minha certeza de que seria selecionada ou na dívida que eu fazia antes mesmo de editar o vídeo de apresentação para uma seleção.

Enquanto editava o vídeo, eu pensava em como poderia tirar a minha mãe daquela situação em que vivíamos. Sonhava com tanta emoção que uma lágrima escapou de meus olhos; sem saber, ali eu já estava comemorando a minha entrada no programa, imaginando como aquilo impactaria a minha vida. Sentindo todas as emoções que viriam depois, comecei a celebrar secretamente aquela conquista.

Hoje, sei que para criar os níveis de sucesso que desejamos, é preciso desejar com ardor. Ou seja, naquela situação, em que havia um propósito claramente definido, eu consegui fazer mais do que sonhar: agora, eu tinha algo palpável, algo que me permitisse acreditar que aquele sonho poderia ser realizado.

Eu acredito que a maior aventura que podemos realizar é alcançar a vida de nossos sonhos. Aparentemente, somos nós que a criamos e, por isso, podemos sempre ser uma inspiração na vida de outras pessoas. Se queremos dinheiro, sucesso, felicidade e amor, precisamos entender que é possível ter aquilo que desejamos. Minhas ações sempre foram repletas de determinação, sabia o que eu queria e onde queria chegar, e aprendi a não poupar esforços para conseguir.

Começava, naquele período, um capítulo em minha vida no qual eu começava a entender um pouco sobre a autorresponsabilidade. Àquela altura, eu sabia que as pessoas se responsabilizavam pouco pela vida que tinham e não entendiam que poderiam mudar suas histórias a partir de grandes saltos, criados por mentes que conseguem sonhar alto. Períodos desafiadores acontecem com todo mundo, mas, quando se tem essa forte energia interna e se acredita que tudo é possível, encara-se com mais resiliência tais períodos, sabendo que qualquer situação pode ser contornada.

Eu começava a perceber, portanto, que tudo o que eu precisava estava dentro de mim; que eu tenho, assim como você, a criatividade que possibilita um tipo de vida na terra em que todas as oportunidades necessárias estão dadas. Mais adiante, explicarei como despertar essa capacidade a partir de rituais diários que podem mudar seu estado, viabilizando as condições de acessar seus sonhos mais profundos e poder tirá-los do papel para ter uma vida cheia de inspiração e harmonia.

Hoje, eu tenho pressa de viver. Hoje, eu não quero uma vida condicionada às contas, não quero ocupar o tempo, sem viver uma vida com tudo o que posso desfrutar. O impacto de nossas ações pode mudar tudo. Quando enviei o vídeo, eu sabia que minha fé era invencível, assim como a ideia fixa que construí em torno do projeto. Eu já tinha ouvido que a nossa mente era uma xícara onde poderíamos colocar todo tipo de conteúdo, para, na sequência, bebê-lo. Sendo assim, eu não poderia envenenar meus pensamentos: era hora de acreditar com toda a força de meu coração.

Partindo para a ação

Proposta de reflexão

Você vive uma vida entusiasmada ou envenenada por pensamentos de derrota?

Você apenas sobrevive ou vive de verdade?

Quem está no comando de sua vida e de seus pensamentos?

escolha viver de verdade

Assim que enviei o vídeo para o *reality show*, eu estava certa de que a minha vida iria mudar. Não contei para ninguém, porque realmente acreditava que as pessoas não poderiam saber antes de o fato se concretizar. Eu queria manter o vídeo de inscrição quase como um segredo de estado; convicta de que seria selecionada, eu não tinha medo de me expor. Eu queria viver de verdade e, dessa forma, começava a imaginar como seria a experiência dentro da casa.

Sem conhecer a Lei da Atração ou qualquer fundamento da Física Quântica, comecei a visualizar as situações que viriam a seguir. A partir da criação de imagens mentais, sentia, em mim, todas as sensações que viriam a seguir. Era quase mágico perceber que eu tinha tanta certeza na possibilidade do sim, que imaginava a sequência de fatos a partir desse sim. Essa sensação não tinha a ver apenas com um pensamento positivo, ela era uma ação e um comportamento que eu adotava, como se as coisas, àquela altura, já tivessem dado certo.

Já reparou como você se porta quando quer alguma coisa? A primeira coisa que você faz é desejar intensamente e a segunda é se autossabotar ou começar a procurar motivos para afastar aquilo da sua cabeça; esse movimento não é consciente. Você quer dinheiro, felicidade, mas não se sente merecedor disso, não sente que é para você. A partir daí, sua mente começa a elaborar maneiras de desviá-lo daquilo que você mais deseja. Como se você duvidasse da própria capacidade de providenciar aquilo que mais deseja.

É impressionante como a vida intensa, aquela que é realmente vivida, é resultado de uma atitude: você decide se mostrar para a vida e trabalhar para que seus desejos se concretizem. Isto é absolutamente diferente de achar que tudo cai do céu. Você muda a sua postura diante do mundo e começa a viver como se aquilo que deseja já estivesse concreto.

Vou dar um exemplo: imagine que você quer emagrecer, mas continua comendo as mesmas coisas que fizeram você engordar. Conscientemente, você sabe que o efeito daquela comida no seu corpo vai fazer você engordar, certo? Pois bem, para emagrecer, você precisa mudar os seus hábitos.

Todo o restante funciona da mesma forma: se você quer um resultado no trabalho, tem que mudar o seu hábito. Se o hábito atual não traz o resultado que você deseja, não adianta continuar os próximos dez anos esperando que a sorte bata à porta: enquanto você não mudar o jeito de fazer as coisas, o resultado de suas ações será o mesmo. É necessário tomar atitudes diferentes, se quisermos resultados diferentes; se você quer viver de verdade, não é fazendo tudo do mesmo jeito, da maneira como sempre foi, que as coisas irão mudar do dia pra noite.

É a mesma coisa que querer mudar o corpo sem realizar exercícios físicos, apenas com constantes exercícios você começa a perceber resultados em seu corpo; ou seja, a intensidade com que você se dedicar a algo vai determinar o resultado. Pense em todas as áreas da sua vida e o que você deseja para cada uma delas: se quiser progredir em algo, é preciso dedicar a sua atenção e suas atitudes para aquele específico aspecto da vida, seja saúde, dinheiro, profissão, relacionamento ou lazer.

Quando escolhi viver a vida de verdade e parar de procurar os responsáveis pelo meu destino, eu tomei minha vida pelas próprias mãos e entendi que tudo sempre dependeria exclusivamente de mim. Viver de verdade é escolher crescer, escolher sair do papel da vítima, que de tudo reclama, e, conscientemente, fazer aquilo que está ao seu alcance e pode levar a uma outra direção.

Eu passei a mudar cada hora da minha vida, e foi na marra. Eu sabia que queria alterar alguma coisa, mas não sabia que existiam técnicas que me ajudariam nessa empreitada, rituais que fariam meu dia a dia melhor. Nesse campo, eu ainda era crua demais, devo dizer, mas minha intuição não falhava, porque eu estava absolutamente conectada ao meu coração.

Entrar para o *reality show* podia parecer algo surreal, mas, além de acreditar que era possível, eu trabalhei para que fosse possível. Aquela era uma chance de ouro de mudar de vida: eu tinha investido tempo, dinheiro, atenção e colocado toda a minha energia naquilo. Eu queria e estava determinada a dar um passo para fora daquela condição angustiante em que nós vivíamos, de trabalhos e estudos ininterruptos, sempre no fio da navalha, e ainda sem ver o dinheiro sobrar no fim do mês.

Você deve conhecer essa sensação: a sensação de sobreviver. A sobrevivência nos mata pouco a pouco, como se estivéssemos fadados a um constante fracasso; é como se a cada dia precisássemos reforçar o quanto a vida é injusta conosco e como é difícil viver. Andamos em círculos, enfrentamos altos e baixos e não entendemos que para viver de verdade é preciso escolher sair desse padrão de derrota. As condições não determinam nosso destino. Como afirma o grande *coach* e treinador norte-americano Tony Robbins: "são as atitudes que determinam nosso destino"; é a atitude perante a vida, a postura diante dela – uma postura diferente daquela de acordar, reclamar, se arrastar pelo dia e acreditar que alguém vai trazer uma solução perfeita para o nosso problema. No final, ninguém nos traz nada, nós é que que precisamos entender onde queremos chegar e de que forma podemos alcançar aquilo que queremos. Se ainda não encontramos esse caminho, precisamos nos esforçar para seguir na direção dele, com passos constantes, mesmo sem saber qual resultado dele virá.

E eu garanto que viver de verdade é não reagir à vida, é não esperar que as coisas pulem em nosso colo. Escolher viver de verdade é agarrar as oportunidades antes que elas se apresentem a nós, é querer determinada coisa e pensar nela como algo possível, fazer o que está ao seu alcance para conquistar aquilo que se quer. Independente de qual é o seu objetivo, o vital é que você gaste uma energia extra para entrar num novo campo de atuação: agir na direção daquilo que deseja é importante.

Agora, o que eu vou contar a você não teria sido possível, se não houvesse o primeiro passo. Alguns dias depois da inscrição, a emissora marcou uma entrevista comigo, e eu fiquei muito contente, aquela era a entrevista que eu esperava. Naquele momento, não era uma surpresa para mim que eu estivesse tendo resultados, eu agi em direção a eles.

A partir daí, comecei a fazer planos consistentes. Logo após a conversa, mesmo sem qualquer retorno, continuei acreditando que seria chamada – uma fé que ninguém explicava. Se eu podia visualizar aquilo, eu podia realizar – era assim que eu pensava; afinal, Deus não coloca nenhum desejo na nossa cabeça que não seja possível de ser realizado.

Quando fui convidada para a entrevista presencial, me deparei com o primeiro desafio: não tinha meios para comprar a passagem. Mais uma vez, pedi ajuda. Eu sabia da importância de pedir ajuda, mas também sabia que precisaria ser generosa com aqueles que me tinham estendido a mão nos momentos de maior dificuldade. Dessa vez, foi minha tia quem me emprestou 120 reais, o preço da viagem ao Rio de Janeiro. A ela, prometi que assim que começasse a ganhar dinheiro devolveria a quantia, com juros.

Na entrevista, respondi a tudo o que me foi perguntado, mas, não teve jeito, sucumbi às emoções, e fiquei decepcionada por ter sido enviada de volta para casa. Na época, eu lia tudo sobre o programa e sabia que a próxima etapa era a dos exames físicos. Se eu não tinha sido convocada a ficar no Rio, significava que eu tinha sido dispensada. Voltei para o interior chorando, quatro horas de trajeto, quatro horas de soluços.

Neste ponto, é importante que você entenda o seguinte:

Você deve perceber que, muitas vezes, é nessas horas que desistimos. Quando nos deparamos com o primeiro grande desafio. É como se um balde de água fria quisesse nos tirar a vontade de seguir adiante. Nesse momento, que é, na verdade, um teste de fé, devemos encarar a dor que se apresenta, sem jamais desistir. A frustração vem como uma bomba, mas viver de verdade é olhar para essa dor com generosidade e reconhecer que ela faz parte do percurso.

Voltando à minha história, eu sabia que era urgente buscar paz no coração para voltar ao estado de confiança que eu me encontrava antes da entrevista. Aquele era um pequeno instante, se comparado a tudo o que eu viveria a seguir.

Até que chegou a resposta. Às vezes, as respostas chegam em nossas vidas de um jeito curioso – um sinal maluco, uma pessoa; no meu caso, foi uma música.

Era fim do ano de 2010, noite de ano-novo, e eu ouvi, em alto e bom som: "Tudo o que eu quiser, o cara lá de cima vai me dar/ (...) que não me faltem forças pra lutar./ (...) Tudo o que eu quiser, eu vou tentar melhor do que já fiz (...)". Uma música da Xuxa, a Rainha dos Baixinhos. Ao ouvir aquela música, aquela semente de esperança, aquela que eu havia parado de regar por acreditar que era hora de desistir, voltou a crescer.

Você percebe que muitas vezes o sonho não está tão distante, mas nós desistimos de tentar e de acreditar que ainda é possível? Percebe quantas vezes, por vaidade ou capricho, paramos na metade do trajeto, sentamos, choramos e desistimos por acharmos que aquele é o fim da estrada e não há mais nada a fazer?

Eu queria muito ser chamada para aquele programa, portanto, eu não ia desistir do meu sonho. Ainda não conhecia o poder das afirmações – explicarei como elas funcionam nos próximos capítulos –, nem imaginava que existia tanta magia na vida e que poderíamos ser cocriadores de nosso destino. Mesmo quando os nomes dos participantes começaram a ser divulgados, faltando poucos dias para o programa entrar no ar, não perdi a esperança, ou melhor, a certeza de que iria ser chamada.

Quando o programa começou, segui acreditando. Em meu íntimo, eu sabia que não poderia desistir; eu já tinha feito a escolha de viver de verdade, tinha agido em busca do que eu queria. Conforme o programa desenrolava-se, eu assistia e me imaginava lá dentro, como se aquela sensação de que eu fazia parte daquele universo não pudesse mais me abandonar.

Curiosamente, a cada episódio, eu prestava mais atenção no programa e, em especial, num tal de Rodrigo, um homem que, de imediato, me atraiu – de alguma forma, algo que não se explica.

Àquela altura, as pessoas começavam a duvidar de minha saúde mental. Você sempre será chamado de louco quando você se torna um sonhador; é esse o momento em que você não pode duvidar de si mesmo. Minha mãe, que nunca tinha acreditado na história do *reality show*, se irritou comigo: "Agora chega desse negócio. Você já gastou com as viagens para fazer as entrevistas, já gastou para se produzir fazendo o vídeo de inscrição. Vamos pensar em coisas sérias e cuidar da nossa vida". De repente, ao dizer isso, ela reduzia uma grande oportunidade de mudança a pó. Eu poderia ter escolhido aquele olhar, poderia ter ouvido aquele ponto de vista da história, mas decidi persistir em meu desejo, em minha intuição.

O problema é que o programa já estava no ar fazia mais de um mês – era hora de a minha esperança começar a minguar. Mas eu tinha decidido viver de verdade, não podia desistir. Por isso, minha mala estava arrumada para ir ao programa, mesmo sem ser chamada. A vontade persistia: "Adriana, você vai para o Rio de Janeiro".

Naquele período, após uma viagem, recebi uma ligação; era uma segunda-feira e eu sabia que o número era da emissora responsável pelo *reality*. Meu coração pareceu saltar do peito; comecei a chorar. "Menina, deixa de ser sonhadora!", minha mãe dizia. Só que eu tinha escolhido mudar de vida, viver intensamente e não apenas sobreviver e suportar o que me trazia a vida. Eu tinha escolhido as mudanças, a vida diferente, agir de maneira diferente.

Por tudo isso, respirei fundo e atendi. Uma moça se identificou como produtora da emissora e disse que alguns dos entrevistados para o *reality show* estavam sendo cadastrados para participar de outros programas na emissora ao longo do ano, essas pessoas teriam que fazer exames físicos que ficariam arquivados no prontuário. Quando ela perguntou se eu estava interessada, nem a deixei terminar de falar: "Lógico que estou! O que eu tenho que fazer?".

A produtora comunicou que mais ou menos à meia-noite, uma van da produção passaria para me buscar, eu deveria estar pronta para fazer esses exames e voltar para casa no dia seguinte. Não vacilei, eu tinha uma grande meta: queria vencer na vida. Uma vida bem-sucedida é resultado de trabalho árduo, em todas as instâncias. Só que é impossível avançar sem saber para onde se quer ir. Por isso, devemos planejar nossas rotas com todo o cuidado para não ficarmos à deriva. Perambular pela existência é uma maneira de viver como zumbi – nesses momentos, objetivos, planos e sonhos se fazem necessários. Do contrário, seria como um exército que parte para a batalha sem planos. O que você pretende de sua vida? Antes de decidir, reflita, com cuidado, para poder estabelecer metas e chegar onde deseja. Eu sabia onde eu queria chegar e o que me aproximava do meu objetivo.

Todos os dias nascem oportunidades para que sejamos bem-sucedidos e mesmo que saibamos que muitas noites sombrias surgirão em nosso caminho, nos preparamos para elas sob a luz do sol. Nenhuma noite de tormenta é permanente, as estações vão e vêm.

Precisamos nos preparar para os dias de escuridão, porque quanto mais fortes estivermos, espiritual e emocionalmente, mais fácil será transpor essas barreiras. Precisamos enfrentar altos e baixos para alcançar nossa evolução como seres humanos. No entanto, quando estamos fortalecidos, enfrentamos tudo com mais facilidade. Precisamos sempre confiar que as condições serão favoráveis, com paciência e otimismo; planejar nossos dias para não sermos levados pela maré de altos e baixos.

Como você enfrenta as adversidades? É preciso enfrentá-las com um sorriso no rosto, porque a vida possibilita que, a partir de novas atitudes, possamos mudar nosso destino. Eu sempre digo que planos são como sonhos em ação. Precisamos nos elevar ao invés de procrastinar diariamente. A indecisão corrói nossos pensamentos e anula as possibilidades de caminharmos com segurança. É preciso agir, independente do que possa acontecer, independente das previsões pessimistas dos demais. Se hoje, por exemplo, sou a responsável por trazer ao Brasil um autor mundialmente conhecido como o Hal Elrod, autor de *O milagre da manhã*, é porque arrisquei tudo ao contratá-lo; é porque tomei a decisão de perseguir um sonho que parecia impossível, apostei alto para obter altos resultados.

A ação confere vida as nossas forças e, se estamos determinados a concluir determinadas tarefas, precisamos nos animar e eliminar a inércia e a preguiça do dia a dia. Muita gente me pergunta como consigo acordar tão cedo, tendo dois filhos pequenos. A resposta é simples: se eu não controlar o horário que acordo, o que eu vou controlar em minha vida?

Devemos ocupar a mente com os pés em movimento para não sucumbir à negatividade que a inércia propõe. Autopiedade e remorso não combinam com ação. Naquela época, eu poderia ter tido duas escolhas: me encolher em meu quarto e lamentar não ter sido chamada para o programa ou me elevar, na certeza de que ainda existia uma possibilidade. Sentar e esperar que as coisas aconteçam, que elas venham até nós, é esperar o fracasso de braços cruzados. É a ação que tempera nossas vidas, devemos agir. Se você não agir logo, a vida agirá contra você.

Lágrimas já rolaram e perturbaram meus sonhos, mas elas limparam meus olhos e me mostraram a verdade das coisas. Precisamos recordar os tempos difíceis com gratidão por tudo que eles foram capazes de nos ensinar. Nossas metas jamais devem ser pequenas: é preciso ter metas grandiosas, da mesma grandeza de nossos sonhos.

Hoje, tendo dinheiro, me sinto melhor como ser humano do que quando eu não tinha dinheiro. Há muitos que escolhem sobreviver, por achar que o dinheiro os tornariam arrogantes, ambiciosas e cruéis. Para mim, o dinheiro apenas realça aquilo que você tem de melhor. Pense em quantas pessoas você pode ajudar, nem que seja com pouco. Como é bom poder dizer "Não se preocupe. Eu ajudo você com isso, fique em paz". Era essa a paz que eu sempre busquei, nos momentos em que via minha mãe aflita, com todas as contas a pagar. À época, eu achava que isso, um dia, também seria inevitável em minha vida adulta; até que percebi que eu poderia sonhar mais alto, mesmo que viesse de baixo.

Hoje, em nossa empresa, temos em torno de dez funcionários. Sempre que posso, eu pergunto a cada um deles: "Qual é o seu sonho?; qual é o seu objetivo de vida?". Falo por mim: eu não quero crescer e ser feliz, vencer na vida, se não para que essas pessoas me acompanhem e cresçam comigo.

Minha premissa é ver todo mundo crescer. Por isso, faço questão de remunerar todos os funcionários com um percentual dos meus ganhos. Eu quero, com isso, que eles tenham a mesma motivação e a mesma energia que eu tenho, para, eventualmente, acordarmos todos às cinco horas da manhã, se for preciso, para passar duas noites longe da família, como eu. Isso, não porque eles precisam garantir o emprego, mas, sim, porque tudo é parte de um plano para atingir algo maior e melhor. Eu quero que eles possam comprar os próprios sonhos, não trabalhar pelos meus.

Não entendo como alguém pode trabalhar todos os dias, durante anos, sem suportar a convivência com o patrão; pessoas descontentes, que detestam o que fazem. O trabalho precisa ser uma fonte de prazer, do contrário ficamos descontentes, doentes. Toda essa desmotivação também é sobreviver, não viver de verdade. O trabalho jamais pode ser motivo de revolta ou de dor de barriga no domingo à noite.

Lembre-se, não coloque metas pequenas em sua lista. Coloque as maiores, as mais altas, aquelas que dão um frio na barriga e até uma sensação meio ridícula de descrença. Deus conspira para fazer as coisas acontecerem quando você se dispõe a trabalhar por elas. Quando você começar a ver os resultados, você vai pensar no tempo em que perdeu quando não acreditava em si mesmo e, em especial, na importância que você tem para Deus.

No início, quando abri uma conta no *Instagram*, eu naturalmente não tinha seguidores, enquanto outras mulheres, com o perfil parecido com o meu, já tinham muitos. Esse dado não me incomodava, pois eu sabia que iria crescer. Eu enfrentei julgamentos, descréditos, preconceitos, mas segui em frente; acertei, errei, me inspirei naquilo que eu admirava, evitei repetir os mesmos erros muitas vezes... É importante termos a consciência de que, se queremos viver de verdade, estaremos vulneráveis porque quem não vive está à espera; à espera de cairmos ou, ainda, julgando a todo tempo nossos passos. Como mecanismo de defesa a esse comportamento, tendemos a rejeitar novas experiências. Com isso, queremos sensações conhecidas, queremos vivenciar aquilo de que já sabemos o funcionamento. Dizer não é mais fácil, mas eu prefiro dizer sim: sim para a vida. Ao dizer sim, eu consigo encontrar meios de expandir o meu alcance, de me fazer mais requisitada, de fazer mais anunciantes acreditarem em meu canal. Hoje, é esse o meu negócio, e eu espero ser muito boa no que faço.

É sempre possível inovar a maneira como fazemos as coisas. Podemos parar de copiar, criando novas maneiras de viver a vida, a partir da elaboração de projetos copiáveis. Eu posso me responsabilizar pela minha vida de maneira consciente e desejar viver de verdade, entendendo que é minha responsabilidade analisar o mercado do qual faço parte, quais são os melhores caminhos para dar os passos mais seguros e, ao mesmo tempo, estar sempre aberta ao próximo desafio.

Se hoje sou casada com aquele homem que um dia eu vi pela televisão e senti uma conexão, um homem por quem lutei, esse é um destino que não chegou a mim de repente. Meu desejo é criar a minha vida e o meu futuro, olhar para as possibilidades e aceitar a vida como extraordinária, sem imaginar todo o sofrimento e desgaste que pode vir pela frente. Não espero, por exemplo, daqui alguns anos, ser chamada pela universidade dos meus filhos porque deixei de pagar a mensalidade – o meu objetivo é agir para que meus filhos saibam criar seu próprio futuro e para que eles possam contar conosco quando precisarem de segurança.

Se hoje sou uma mãe que não pode colocar seus filhos para dormir todas as noites, como quando preciso viajar a trabalho, tenho a certeza de meus filhos vão entender que foi por um bem maior. E eu acho bom que seja assim: eles vão entender que a vida não é fácil, e sacrifícios fazem parte do percurso. Eu quero ser um bom exemplo para os meus filhos, como a minha mãe foi e é para mim. Quero mostrar que as coisas precisam ser conquistadas e que não caem do céu como chuva na tarde de verão.

Não podemos criar empecilhos para nosso futuro, nem deixar que os rótulos determinem quem somos. O passado deve ficar para trás, seja ele de vitórias ou de derrotas. O passado não é seu presente, nem seu futuro. Se você viveu coisas incríveis, se prepare para atingir mais resultados incríveis ao invés de banhar-se nas glórias vividas; isto é, não seja mais um disco riscado, que repete e repete feitos de dez ou vinte anos atrás.

Tenho a certeza de que algumas pessoas se surpreenderam com o que eu venho contando neste livro. Não devemos jamais ter vergonha de quem fomos ou de quem somos. Devemos usar tudo aquilo que vivemos como experiência para chegar onde desejamos. Sonhar com a vida de verdade é diferente de sobreviver uma vida de incessantes lutas, sem trégua. Existem maneiras de criar uma vida de possibilidades; e eu vou contar como foi que eu criei a minha.

Partindo para a ação

Proposta de reflexão

Você acredita que honra a sua trajetória? Escreva os principais pontos de sua vida até aqui e perceba como pode usá-los a seu favor, perceba como a sua história fortaleceu você. Reconte sua história como um protagonista. Destaque os aspectos positivos, sem menosprezar a dor, pelo contrário, trazendo à tona a sua coragem de superar desafios diários.

crie uma vida de possibilidades

Posso dizer que minha vida foi de realizações fantásticas. Conforme as coisas começaram a acontecer, percebi que nelas havia um padrão, não eram frutos de um mero acaso. Além de frutos de um trabalho árduo, havia uma atitude em mim, relacionada à maneira como eu conduzia a vida.

Criar uma vida de infinitas possibilidades está relacionado ao poder divino do ser humano de criar nossa própria realidade. Para isso, precisamos jogar fora todo o lixo emocional, limpando a mente daqueles pensamentos que insistem em bloquear o que é próspero.

Podemos acordar todas as manhãs e repetirmos para nós mesmos que tudo vai dar errado e que o fracasso é uma consequência natural de tudo o que fazemos. Podemos até acreditar que queremos algo, mas nos comportar como fracassados, observando a vida como meros espectadores. Eu não olho mais a vida como espectadora.

É incrível a capacidade de nossa mente de criar realidades. Quando a produtora me ligou, mesmo sabendo que o *reality* já estava no ar há mais de um mês, eu falei para a minha mãe que sentia que eles me buscariam para entrar no programa. A minha primeira atitude foi dizer que precisava de um pijama. Eu alegava que o Brasil todo me veria e eu não tinha sequer uma roupa de dormir. Minha mãe logo assumiu uma postura séria: "Adriana, ela não disse que você iria ao programa".

Ela queria que eu voltasse para a realidade; afinal, ela sabia muito bem que em nenhum momento eu tinha sido, de fato, chamada para o programa. Minha mãe também queria que eu não me frustrasse: "nem dinheiro temos para comprar um pijama". Essa frase era como um obstáculo que queria se colocar entre mim e as possibilidades à frente. Eu queria realizar meu sonho, queria acreditar nele, mas cada palavra da minha mãe, a força de cada uma delas, parecia programada para que eu desistisse de sonhar.

Hoje, podemos notar que as pessoas não fazem isso por mal. Nossas mães, pais, filhos, amigos, parceiros, muitos deles estão sempre do nosso lado nos momentos de aperto. A questão é que quando queremos sair daquele padrão, queremos buscar algo melhor, eles nos trazem de volta para a realidade. São pessoas que não conseguem ter a visão que temos e por isso fazem de tudo para que voltemos ao território seguro da vida.

Como sempre fui sonhadora, eu queria mudar a minha realidade. Queria acreditar naquilo que dizia, com tamanha força, minha intuição. Existe uma força cósmica que se movimenta a partir do poder da nossa mente e da vibração de cada pensamento.

Naquele dia, o dia da ligação, mais um dia em que acreditei que iria ao programa, um campo de possibilidades se abria para mim. Eu poderia ter entrado num estado emocional negativo, poderia ter acreditado que nada daquilo era possível, poderia, até, ter desistido ou criado uma desculpa.

Ainda hoje não sei explicar como tudo aconteceu. O desejo ardente, defendido pelo escritor Napoleon Hill como uma chama dentro de cada um de nós, era o que me guiava. Eu sentia que os problemas com dinheiro estavam prestes a terminar. Eu havia prometido que, se minha mãe concordasse em comprar o pijama, eu arcaria com o valor da fatura do cartão de crédito, assim que conseguisse o dinheiro. Feito o combinado. Embora ainda não botasse fé no que eu dizia, ela não conseguia sequer discordar, tamanha a autoconfiança que eu demonstrava naquele momento.

Contei os minutos para que a meia-noite chegasse, até que o carro estacionou em frente ao prédio onde morávamos. Na hora, nem pensei que pudesse ser uma armação ou outro perigo iminente; olhei para o motorista e para o produtor e confiei minha vida a eles.

Na sequência, no próximo instante, ele disse: "Você tem cinco minutos para fazer a sua mala, porque existe a chance de você ir para um *reality*". Ele nem sonhava que minhas malas já estavam prontas; quando contei que sabia que isso aconteceria, ele achou até engraçado.

Entreguei meu celular para a minha mãe a pedido do produtor e senti que ela estava com o coração angustiado, em pânico. Eu havia entrado em uma *van*, com dois desconhecidos – ela não tinha certeza de que eles eram mesmo produtores –, e, para piorar, eu estava sem qualquer comunicação e a madrugada seria longa. Eu, mesmo assim, estava tranquila. Na verdade, tão tranquila que peguei no sono, sem me importar para onde aqueles desconhecidos me levariam.

Eram cinco horas da manhã quando eu fui deixada no hotel. Não sabia o que aconteceria comigo a partir dali, mas me sentia segura de que meu sonho estava prestes a se realizar. Realizar sonhos requer uma confiança quase cega de que o que você deseja está em suas mãos.

No quarto, o isolamento era perturbador. Sem televisão, jornal, revista ou conversa com a camareira, eu tentava me distrair empilhando copos de água. Foram sete dias de absoluto silêncio até que foram me buscar. Entrei no carro e descobri que iria para o *reality show* mais famoso do Brasil. Com um mês de programa, eu estaria na casa mais vigiada do Brasil.

Você percebe que não existe acaso quando criamos uma vida de possibilidades? Tudo poderia ter conspirado contra meu sonho: eu poderia não ter agido e não ter feito o vídeo, se não acreditasse nas possibilidades; eu poderia ter desistido antes de editá-lo, porque não tinha dinheiro para ir até a casa de uma amiga editora de vídeo; eu poderia ter acreditado que as chances tinham acabado quando o programa começou ou, simplesmente, poderia ter me negado a entrar naquela van com dois desconhecidos à meia-noite.

"Confia que vai dar certo" – é essa a voz que você precisa escutar.

No dia em que pisei no tão sonhado programa, a sensação era de que minha vida mudaria para sempre. Foram sete dias incomunicáveis, sem sequer saber se minha mãe tinha tido notícias minhas. Em minha cabeça, um misto de excitação e loucura – era como se eu estivesse sonhando acordada. Enquanto gritava, celebrando aquele sonho sendo realizado, eu pensava nas parcelas da faculdade sendo quitadas, no financiamento do imóvel da minha mãe e em tudo que eu gostaria de proporcionar para a minha família.

Vendada, fui colocada do lado de dentro da casa e era como se uma magia divina interviesse em meu caminho: quem me recebeu foi, justamente, o Rodrigo. Ele caminhou em minha direção e eu tive a certeza de que, naquele momento, tudo mudaria para sempre. Nossos olhares não paravam de se cruzar, um forte magnetismo nos aproximava.

Então, o que determinou que eu entrasse no *reality show* Brasil? Todos os fatos que ocorreram dali em diante foram determinados por um conjunto de hábitos positivos que incorporei em minha vida, hábitos que se fortaleceram a partir de disciplina. Como resultado desses hábitos, eu consegui transpor obstáculos, sair de uma dívida financeira de mais de 255 mil reais e criar minha nova realidade, encontrando soluções criativas para viver a vida fora dos padrões, com desfechos efetivos.

Foi dessa forma que, mesmo quando não tinha nada, eu tinha o que mais precisava: esperança para seguir em frente. Foi também dessa forma que eu criei projetos que se tornaram lucrativos, tive incríveis resultados financeiros e conquistei o relacionamento dos sonhos: equilibrando vida pessoal, carreira e o cuidado com meus filhos.

Para merecer qualquer tipo de ajuda divina, é preciso, primeiro, que ajudemos a nós mesmos. Se você se aplicar em conquistar a vida que deseja, o método que criei trará benefícios a você.

Partindo para a ação

Proposta de reflexão

Você já parou para pensar que a sua história construiu o seu caráter? Já parou para pensar que tudo o que aconteceu em sua vida causou uma reação? Mas como foi a sua reação diante de cada desafio? Você reagiu com frustração, tristeza e desesperança ou encontrou, a cada novo desafio, motivos para mudar a maneira como agia?

o que impede você de ver além?

Costumo dizer que mantenho os pés no chão e a cabeça nas estrelas, sempre. Quando todas as possibilidades parecem esgotadas, eu mantenho uma capacidade – que todos temos dentro de nós, mas que confiamos pouco –, de ver além do que os outros podem ver. Uns chamam essa qualidade de visão, outros de intuição aguçada. Independente da denominação, eu acredito que todos nós temos tal capacidade.

Certa vez, Einstein perguntou o seguinte a um vencedor do Prêmio Nobel de Literatura: "Como trabalha um poeta? Como vem a ideia do poema à mente? Como essa ideia se desenvolve?". Então, o poeta respondeu que era importante manter a intuição e o inconsciente, o que deixou o cientista feliz. "O mecanismo do descobrimento não é ilógico, ele é uma iluminação súbita, quase que um êxtase. Em seguida, nós analisamos e experimentamos para confirmar a intuição. Quando temos intuição, não experimentamos nada que vem de fora, mas, sim, algo de dentro. A visão de dentro precisa funcionar para podermos enxergar além do que todos podem ver.

E eu te pergunto: o que impede você, hoje, de ver além?

Se no dia em que entrei no programa eu tivesse a vaga ideia de que, um dia, teria dois filhos com o Rodrigo, que casaríamos numa união mágica e que teríamos nossa vida dos sonhos, talvez eu tivesse, desde aquele momento, uma vida mais tranquila, sem tantos medos e preocupações. De qualquer forma, eu alimentei a certeza de que, ao passar por aquela porta, mesmo que tudo não saísse imediatamente como eu esperava, tudo daria certo: minha vida iria mudar.

Eu alimentei essa certeza porque estava atenta aos acontecimentos e presente para as minhas intenções. Eu sabia que não venceria o *reality show*. Eu entendia que tinha entrado na casa um mês depois dos demais participantes e que seria quase impossível ganhar a empatia deles em tão pouco tempo. Àquela altura, as panelinhas já estavam formadas e, mesmo com a semana de imunidade dada pela produção, eu seria eliminada assim que conseguissem me colocar no "paredão".

Além disso, eu estava envolvida com o Rodrigo, o que era mais um fator decisivo. Estava apaixonada por aquele galã que tinha me conquistado no momento em que o vi na primeira vez, ainda pela TV, fora da casa, e sentia que nosso destino não tinha se cruzado por acaso. Assim que fui para o paredão, entendi que meus dias estavam contados, mas aquilo não fez com que minha alegria fosse destruída.

Eliminada, ouvi do Pedro Bial, apresentador do programa, uma frase que, ao contrário de destruir os meus sonhos, tão parecidos com os de uma personagem de contos de fadas, alimentou minha esperança: "Um mundo de bondade e beleza se abre para você aqui fora, Adriana" – ele disse.

Eu entendia que aquele não era um ponto final em minha jornada. Eu tinha conquistado o que queria e enxergava além do programa. Participar, e ser estrela em rede nacional durante algumas semanas, já tinha sido uma vitória. Eu tinha uma decisão firme, uma mente forte e muita proteção.

Aquela experiência me provava que era possível conquistar o que eu almejava e, mesmo eliminada, eu tinha a certeza de que tinha chegado onde queria.

Assim que saí do programa, após as entrevistas de praxe, encontrei minha mãe. Para minha surpresa, ela não estava confiante, nem mesmo feliz. Com a voz determinada, ela me disse: "Filha, sua vida está acabada". Eu não entendia a lógica dela. Sim, eu não tinha nada em mãos, mas conseguia perceber que as possibilidades estavam ao meu alcance. Ainda assim, ela insistia: "Não temos nem dinheiro. Você saiu do programa, despertou a antipatia do público e ainda ficou exposta demais ao se abrir para aquele homem".

A realidade era que eu tinha recebido 1.500 reais como cachê pela participação no programa e isso era tudo o que eu tinha naquele momento – estava longe de ser milionária e ainda mantinha algumas dívidas.

Tentei manter a posição otimista e enxergar o cenário de mudança que se abria diante de mim, mesmo com as palavras de minha mãe, que faziam meus sonhos parecerem impossíveis.

Na verdade, até hoje percebo como as pessoas estão em nosso caminho para que possamos reforçar nossa capacidade de ver além. Cada um que traz uma palavra de desarmonia, pode fazer você ir em direção ao seu sonho com mais força de vontade ou fazer com que você simplesmente desista. Essa escolha é sua.

Eu não era milionária. Eu poderia ter escolhido ver que estava na pior, mas decidi que construiria minha vida do nada. Nos contos de fada, o momento em que a protagonista sonha e cai desse sonho direto para a realidade é o pior momento. Isso, porque ela conheceu e tocou o sonho. De minha parte, eu tinha visto o sonho de perto, conhecido o príncipe encantado, mas estava longe do sonho novamente. Sem nenhuma perspectiva, além da minha visão, era acreditar ou desistir.

Então, diante de minha mãe, que insistia para que eu voltasse para casa, decidi que ficaria no Rio. Eu precisava continuar ali, à espera das possibilidades. A primeira delas foi um ensaio sensual. O valor era pequeno, mas, convicta de que aquele era meu momento, pedi um valor cinco vezes maior. Aquela negociação era perigosa e eu corria o risco de ficar sem nada, mais a fama de prepotente. Só que deu certo e eles aceitaram pagar o valor. Mesmo sabendo que o dinheiro só seria depositado dois meses depois, eu respirei aliviada. Fui morar na casa da minha tia em Volta Redonda e me dei conta de que eu tinha doado todas as minhas peças de roupa antes de entrar na casa (por um momento, achei que, com o programa, ganharia roupas novas). Portanto, além de morar de favor na casa de minha tia, também usava as roupas dela: esse era o *glamour* da minha vida real.

Ainda assim, eu mantinha a firme convicção de que era preciso enxergar além. Fazia algumas participações em programas de televisão e acreditava que as coisas iam decolar, mas nada acontecia.

Constrangida por morar de favor, busquei um lugar para recomeçar. Foi aí que minha mãe usou seus contatos e conseguiu a casa de uma amiga que topou alugar pelo valor simbólico de quinhentos reais. A casa era próxima a uma das comunidades no bairro da Taquara. A cama estava quebrada, o sofá afundava, mas era o que eu tinha e não pensava em reclamar.

Minha mãe continuava a insistir para que eu voltasse, mas eu não queria desistir do meu sonho. Chorava sozinha e amargava aquela dor por tudo aquilo que não aconteceu da maneira como eu queria; perguntava o porquê de ter chegado tão perto das mudanças tão sonhadas e ter de voltar para aquela vida.

Nesse período, continuei a assistir ao programa, continuei apaixonada pelo homem que permanecia lá dentro. Na rua, eu até era reconhecida, quem me via não sonhava que eu não tinha dinheiro nem para comprar comida. Apesar de famosa, eu não tinha nem sucesso, nem dinheiro, portanto, a fama não tinha me ajudado em nada.

Sem dinheiro para comprar sequer uma marmita, vi minha mãe se desesperar por mim. Três vizinhas foram solidárias, elas queriam me ajudar a sair daquela situação, então começaram a me mandar pratos de comida fresca diariamente.

Comecei a usar as armas disponíveis: assinava *e-mails* como se fosse a empresária de mim mesma e negociava cachês para eventos. Certa vez, com o cachê de um desfile, consegui pagar o cartão de crédito da minha mãe e as dívidas que tínhamos feito até então. Para mim, sobraram dois mil reais Esse valor me manteria e eu planejava como administrá-lo para isso. Comia pão, que era barato, e não comprava nada além do necessário.

Mesmo com lágrimas nos olhos, eu via além. Dormia chorando, me perguntando se estava sendo teimosa demais; mas quando acordava, voltava a acreditar.

O que eu gostaria de trazer a você, leitor ou leitora, é que, decerto, você terá vontade de desistir muitas vezes. As pessoas que você mais ama não enxergarão nem um centésimo do que diz seu coração e você vai começar a cogitar a possibilidade de seguir a visão deles e não a sua. Nos momentos de desespero do outro, que quer forçar você a encarar a realidade sem qualquer esperança, é que você deve manter a firmeza em seus passos.

O que nos impede de ver além não são as pessoas que insistem em nos fazer voltar para a velha vida que sempre levamos, o que nos impede é a nossa falta de persistência diante dos maiores desafios; é a falta de fé, o pouco caso com nossos sonhos, sonhos que sempre nos levaram adiante.

É claro que uma mãe que vê uma filha passar fome tem um filtro nublado. Pai nenhum gostaria de ver o filho na situação em que a minha mãe me via, mas eu sabia que aquele sacrifício temporário traria alguma mudança efetiva em minha vida. Não era à toa, nem por teimosia, que eu vivia da maneira como vivia, eu queria persistir.

Quando o Rodrigo saiu da casa, mais um desafio. Mesmo diante da certeza de que ficaríamos juntos, ouvi minha mãe dizer: "Não vá atrás dele, ele não quer nada com você". Só que eu estava decidida a conquistá-lo. Comprei alguns salgadinhos e lanches na padaria e levei como forma de carinho ao hotel onde ele estava hospedado.

Sem medo de me sentir rejeitada, chamei-o para uma conversa. Contei tudo o que me tinha acontecido desde a saída do programa e perguntei se ele se mudaria para o Rio de Janeiro. Natural do Paraná, ele não pestanejou, e topou a mudança. Estava seguro de que fecharia muitos contratos como modelo na cidade. "Você vem morar comigo, Adriana. Eu seguro as pontas, fique tranquila", ele me assegurou.

Eu tinha me exposto da maneira mais visceral possível, sem medo da rejeição, sem medo de me mostrar vulnerável a ele, pois eu sabia que poderia confiar. Por algum motivo, percebia no Rodrigo uma capacidade de acolher as minhas dores e de me colocar para cima.

Tive a sensação de que aquele era um novo capítulo em minha vida. Um capítulo em que as pessoas poderiam dar as mãos e seguir um mesmo objetivo, definido. A famosa “mente mestra”, da qual aqueles que enriquecem tanto falam, é se aliar a alguém com visão e coragem para que ambos possam se sustentar emocionalmente e alavancar um ao outro, potencializando os sonhos. Quanto ao Rodrigo, ser íntegro era sua característica natural. Essa integridade, ele mostrava na atitude de me acolher até que eu pudesse me restabelecer.

Partindo para a ação

Proposta de reflexão

Aqueles ao seu redor, impulsionam você? Você cria alianças com pessoas que despertam o seu melhor ou que abanam as suas chamas? Está sempre rodeado de urubus, que falam apenas sobre os pontos negativas, gostam de contabilizar desgraças e de jogar um balde de água fria sobre sua cabeça?

Escreva a seguir o nome das pessoas que o colocam para cima e daquelas que o colocam para baixo.

a coragem necessária

"Mãe, consegui o dinheiro para comprar seu carro" – com a voz embargada, essas palavras saíram de minha boca. Aquele era um cachê suado, ele tinha sido planejado exatamente para aquela finalidade. Nessa época, eu mandava *e-mails* para as marcas assinando com outro nome, e pedia que avaliassem a Adriana como garota propaganda. Foi dessa forma que eu havia conseguido, anteriormente, algumas campanhas e, por fim, a campanha que me garantiu a oportunidade de comprar o carro com que eu desejava presentear minha mãe.

Logo que eu e Rodrigo combinamos morar juntos, houve a dúvida: seríamos um casal ou apenas bons amigos? No dia da festa de confraternização dos participantes do programa, fiz a pergunta, olhando em seu olho. Como resposta, ele perguntou se eu queria namorar com ele. Aceitei, de imediato.

Juntos, percebi a disparidade de convites recebidos por ele e por mim. Mas isso não foi o que mais me assustou. Convocados para uma campanha, fomos fotografar e percebi que ele receberia quase dez vezes o valor que era oferecido para mim. Fiquei ressentida, mas aceitei a condição imposta, certa de que era apenas o começo. A partir daquele momento, eu soube que a jornada do Rodrigo seria mais fácil por ele ter tido mais fama durante o programa. Com o dinheiro em mãos, fiz a ligação para a minha mãe: um carro era o mínimo que ela merecia.

Meus dias se dividiam em momentos de plena confiança alternados a episódios de medo de que nada sairia do lugar. Sem poder relaxar, eu fazia fotos de graça para mostrar meu rosto nas revistas e despertar o interesse das marcas. A partir dessa estratégia, uma revista sensual me procurou. Era preciso saber negociar bem as condições de pagamento. No final, consegui o valor que desejava.

Recebi o montante pelo ensaio e, por meses, procurei um lugar para morar. À época, era muito difícil encontrar o lugar que eu queria: um apartamento perto da praia, no Rio de Janeiro. Coloquei na cabeça que era aquilo que eu queria. Para isso, varava madrugadas, não dormia. Encontrava apenas apartamentos caríssimos, fora do meu orçamento. Levei quatro meses, até que encontrei: uma proprietária vendia com urgência. Acho importante contar esse episódio, pois, quando lembro, sempre me vem à cabeça a forte persistência que me guiava: procurava no jornal do vizinho, circulava e ligava o dia todo para visitar lugares. Demos a entrada e financiamos a outra metade do valor. Como havíamos fechado alguns contratos, consegui provar que existia uma maneira de arcar com aquela dívida. Essa foi minha luta para encontrar o lugar em que iríamos morar.

O salto dava um frio na barriga e ainda não tínhamos maturidade para enxergar o óbvio: não era hora de adquirir um imóvel com tantas parcelas a pagar. O impulso de uma conquista foi mais forte e agimos sem entender que naquele momento era preciso ter inteligência – mesmo que aquela fosse a primeira grana mais substancial que entrava em nossa conta. Essa empolgação, gerada por um prazer imediato, se transformaria em uma dívida de trinta anos, e eu sabia que não teríamos dinheiro para o tal financiamento, mas tentava não acreditar.

Depois, quando realmente aprendemos a lidar com o dinheiro, entendemos, os dois, a agir com coragem, com relação a dinheiro, quando temos a mínima noção de organização financeira. Ou seja, aquele apartamento não era um ativo, ele não geraria renda; nós teríamos apenas despesas com ele. Hoje, poupamos e sabemos aplicar, investir e fazer movimentar o dinheiro; mesmo que corramos riscos, jamais colocaríamos, hoje, toda a grana em um imóvel, assumindo dívidas. Com o tempo, começamos a aprender a lidar com nossos ganhos e gastos e com os trabalhos esporádicos. Aos poucos, começamos a pensar nas estratégias mais efetivas para deixar o dinheiro dos dois rendendo.

Naquela época, eu retomei a faculdade e continuei a trabalhar nas campanhas que apareciam. Mas, como na vida nada é certo, quando senti a segurança de um contrato fechado de dois anos, o contratante declarou falência e deixou todos na mão. Hoje, digo em minhas redes sociais e para todas as pessoas que conheço: nada é certo nessa vida. Se a sua segurança estiver pautada num contrato, trate de parar de se apoiar em muletas.

Depois de trilhar um longo caminho, o que percebo é que, mesmo quando tudo parece dar errado, temos que acreditar em nós mesmos. Falta de dinheiro é um problema quando estamos desconectados de nós. Mesmo contando com aquele dinheiro, eu respirei fundo e segui, ainda que diante de dificuldades. Quando os ventos parecem nos derrubar, o importante é não parar de agir, porque a ação confere força e dá movimento à vida.

Vejo muitas pessoas paradas no tempo, lamentando o que não deu certo, encontrando maneiras de se vitimizar. Tanta gente que espera que o mundo seja do seu jeito, que ele faça na hora que se quer; pessoas inseguras, esperando que alguém reconheça seu valor, vítimas das circunstâncias. Nesses casos, elas nunca acreditam que podem mudar o que está ao seu redor, e sempre culpam a vida, o governo ou o destino. Confesso que isso jamais fez parte da minha vida: jamais fui uma garota mimada.

Porém, se somos capazes de criar nosso destino, porque recebemos o livre arbítrio, temos todos os dias a oportunidade de recomeçar. Minha vida foi um conjunto de saltos de fé; em cada queda eu reunia a força necessária para recomeçar.

Mesmo quando meu choro atravessava a escuridão, quando eu me angustiava, eu escutava a voz que vinha de dentro e me acalmava. Já chorei muitas vezes por achar que era injusta a maneira como deixávamos nossos sonhos de infância de lado. Já chorei quando meu amor próprio tinha sido corroído, quando recebi duras respostas de quem dizia que eu era apenas uma ex-participante de *reality show* e que meu tempo tinha se acabado. Já chorei porque meu potencial tinha sido barganhado por segurança e porque minha individualidade tinha sido pisoteada. Mas, ainda assim, eu sempre confiei. Confiei que existia algum talento valioso escondido dentro de mim, e sabia que meu grande tesouro, aquele que ninguém poderia roubar, era essa capacidade de confiar.

Numa dessas noites de choro, eu acordei com um pensamento, internamente algo me dizia: “esse momento é a linha divisória da sua vida. O passado se foi”. Então, resgatei todas as minhas forças e recuperei o ânimo perdido. Percebi que milhares de portas poderiam se fechar para mim, mas que eu também poderia abrir outras, quando e como quisesse, com minhas infinitas capacidades. Nesse período, eu comecei a ativar as redes sociais com força total e, entre *posts* e textos, lia comentários que me incomodavam, de quem só tinha críticas a oferecer.

Algo que nunca me parou foram elas: as críticas de quem não tinha coragem de ir adiante, de quem não tinha coragem de se expor. Ao compartilhar minha vida, me deparei com ataques, impulsionados pelo simples fato de eu não ter sido bem-sucedida em um programa de TV. Ainda assim, eu ia adiante. Contava sobre minha vida, minha rotina, meus pensamentos, e, dessa forma, com um número considerável de seguidores, comecei a faturar dentro das redes, criando um novo modelo de negócio – era mais uma maneira de me reinventar.

Sabia que eu era responsável pelo meu futuro e que as situações nem sempre seriam favoráveis. Como a entrada de dinheiro era incerta, eu e o Rodrigo decidimos fechar todas as torneiras e focar em quitar o apartamento. Econômica, eu usava a mesma roupa nos eventos, mesmo com as provocações que apontavam o fato.

O esforço deu certo: com planejamento e foco, conseguimos quitar o apartamento. O salto de fé que faltava era ter um filho. Um desafio e tanto para nossas vidas, mas eu sabia que seríamos ótimos pais. Então, em 2015, engravidei. Com a gestação veio a vontade de abandonar a faculdade, logo no último ano. A conclusão do curso foi em dezembro e em fevereiro nosso filho Rodrigo nasceu. Era mágico perceber que tínhamos nos tornado três, que eu tinha gerado uma vida, e, embora o trabalho estivesse minguando após o parto, eu tinha absoluta certeza de que não iria fracassar.

Foi justamente nesse período que passei a produzir novos conteúdos para as minhas redes. Eu lia muito e refletia sobre tudo que lia, no intuito de evoluir mental e espiritualmente, colocando estes muitos ensinamentos em prática. Os livros de desenvolvimento pessoal me faziam impor hábitos, rotinas e metas; aos poucos, ao compartilhar os resultados de minhas práticas, percebi que as pessoas alcançavam resultados quando também colocavam em prática aquilo que eu testava e sugeria.

Mais madura, percebi que desistir jamais seria uma opção. Eu queria construir algo perene: ser uma mãe presente, ter um relacionamento incrível, independência financeira e tirar todos os projetos do papel.

Mesmo que a dificuldade batesse à nossa porta, eu não desistia e estava disposta a enfrentar qualquer desafio. Eu sabia que, embora em alguns dias a insegurança tentasse me atingir, era com minhas forças internas que eu conseguiria o combustível para seguir adiante.

Aplicando tudo que eu havia aprendido, percebi que eu já conhecia os segredos da realização. Sabia que tinha um grande amor ao meu lado e que nada, nem ninguém me fariam parar.

Eu estava pronta.

Partindo para a ação

Proposta de reflexão

Quando os problemas fazem a terra tremer, como você recorre às suas ferramentas internas e encontra disposição para seguir em frente?

2

novos hábitos para o seu dia a dia

Acredito que a vida que temos é um reflexo daquilo que construímos internamente. Isto é: independe de governo, de patrão ou de oportunidades mágicas. A vida depende das decisões que tomamos diariamente. Nós só conseguimos estar fortes o suficiente para enfrentar as batalhas, quando temos uma força interna.

Foi essa força interna que me levou a perceber que eu poderia modificar tudo ao meu redor, se me modificasse internamente. Os hábitos que vou relatar a seguir, que quero que o auxiliem a criar sua nova vida, são hábitos que incorporei em minha rotina e que fizeram a diferença quando eu tinha uma dívida de 255 mil reais. Esses hábitos me trouxeram equilíbrio, mesmo que não houvesse propostas de trabalho e me deram coragem para ousar em momentos em que tudo parecia conspirar contra mim.

Hoje, como empresária, dona de um negócio digital, tendo a minha própria marca atrelada a diversas marcas de sucesso, percebo que construí minha trajetória tijolo por tijolo. Foram anos em que, dia após dia, precisei de recursos extras para fabricar minha energia, fabricar meus rendimentos e criar a vida extraordinária que tenho. Uma vida que me possibilita ser uma mãe presente, uma profissional dedicada, uma esposa que, além de apaixonada pelo homem de sua vida, se vê num relacionamento saudável, que contorna as situações, para criar um ambiente harmonioso e próspero em família.

Eu e o Rodrigo criamos juntos tudo o que temos. Juntos, nos fortalecemos, e hoje sei que para que eu me mantivesse de pé foi necessário muito jogo de cintura e criatividade, além de ousadia e disciplina.

As rotinas que proponho a seguir auxiliarão você a conquistar seus objetivos e a organizar sua vida. Todas elas foram pautadas por experiências, estudo, leitura e muita vontade de compartilhar aquilo que tanto fez bem para mim.

Não existe isso de "minha cama me prende"; o que existe é falta de motivos para você sair dela. Se você anda preguiçoso, é porque está sem objetivos ou está à deriva, sem nada que o faça levantar da cama. E se tem uma coisa que ninguém vai fazer por você é a sua parte.

NOVOS HÁBITOS, NOVA VIDA

Para começarmos, eu gostaria de desafiar você a encarar uma semana de novos hábitos. Os hábitos que proponho a seguir foram preparados para mudar a maneira de lidar com os desafios de seu dia a dia. Eu também incorporei todos eles em minha rotina diária. E por que eles precisam ser seguidos sem intervalo? Porque hábitos são, essencialmente, padrões de comportamento que se tornam parte do que somos. Quando repetimos um comportamento, o cérebro cria vias sinápticas mais rápidas, portanto, uma ação aciona a ação seguinte – é um processo automático.

Talvez você não saiba, mas a maioria das coisas que você faz é de maneira inconsciente; ou seja, no modo automático: você executa ações sem necessidade de prestar atenção nos movimentos ou as executa dentro de sua rotina, sem sequer perceber. Quer um exemplo? Experimente lembrar de um percurso que você faz diariamente, de carro. Talvez seu cérebro esteja tão habituado ao caminho que você nem precise pensar nele. Você o faz automaticamente, pensando em tudo, menos no ato de dirigir.

Sempre que repetimos uma ação, o cérebro cria um caminho neural que envolve atos de pensar, sentir e agir. É dessa forma que as ações passam do consciente para o inconsciente. Neurocientistas já comprovaram que para adquirir um novo hábito são necessários 21 dias de repetição. Por isso, estabeleça um programa de 21 dias para que os hábitos a seguir possam se tornar uma rotina. Provavelmente você encontrará dificuldade no início, mas toda mudança requer um esforço consciente. Disciplina e foco são as ordens do dia.

Charles Duhigg, autor do livro *O poder do hábito*, afirma que nosso cérebro entende como estímulo uma atitude que é repetida de maneira consecutiva, especialmente quando ela vem acompanhada de uma recompensa. É a partir desse momento que temos um hábito. Uma vez incorporado por nosso cérebro, esse hábito nunca mais deixa de existir.

Podemos transformar uma rotina de insatisfação no dia a dia e eliminar hábitos nocivos, que não nos levam a lugar algum. Se você deseja mudanças, não há ninguém que possa fazê-las por você, somente você é capaz de promovê-las.

ACORDAR CEDO

Talvez a primeira mudança que fiz em minha vida tenha sido acordar cedo. Sabe quando você sabe que algo é bom para você, mas não coloca aquele conhecimento em prática? A minha intuição dizia que esse hábito seria benéfico para mim, que o dia renderia mais e que a preguiça iria embora num piscar de olhos. Eu também sentia que meus dias seriam mais longos e mais produtivos se acordasse cedo, mas, em algumas manhãs, enquanto travava uma batalha com o despertador, aquele conflito interno que muitas mães devem conhecer me acometia: eu achava que merecia ficar mais na cama porque meu filho tinha dado trabalho para dormir na noite anterior; assim, como muitos fazem, trazia desculpas ao invés de aplicar aquele simples hábito.

Quando acordamos de repente ou atrasados, é um desafio vencer nosso estado de humor, e eu sofria com isso. Com frequência, me irritava e entrava em uma correria pela casa, como se alguém tivesse culpa pelo fato de eu estar com sono. Além de acordar em cima da hora, eu ainda alimentava o péssimo hábito de reclamar – sobre ele, discorro mais daqui a pouco. Logo, meu humor era péssimo, e minhas energias baixas para completar o restante das tarefas do dia.

Eu já sabia que tinha a responsabilidade por mim mesma, mas ainda não estava consciente de que pequenas atitudes dentro do meu dia a dia poderiam modificar tanto minha fisiologia, minha produtividade e meu campo de energia. Eu queria e podia promover uma metamorfose em mim; sabia que poderia mudar a realidade das minhas manhãs, mas ainda não tinha conhecimento e consciência dos reflexos que pequenos hábitos trariam à minha rotina.

Nesse período, planejamos nossa segunda gravidez, a da Linda, e foi exatamente aí que a coisa degringolou. Eu tinha enjoos, me alimentava mal e ficava irritada constantemente, o que piorava a minha realidade.

Talvez você já tenha percebido, ou não, mas o fato é que quando começamos a nos sentir dessa forma, parece que as coisas mudam ao nosso redor: tudo o que era simples e fácil torna-se um grande desafio. Portanto, além do desequilíbrio fisiológico, eu começava a ver o mundo com outros filtros. Ao invés de ver tudo daquela maneira entusiasmada, agora, eu via as coisas sem tanta graça, o que alimentava ainda mais o estado em que eu me encontrava.

Quando usamos o filtro ruim para ver a vida, ela naturalmente começa a perder a graça e tudo o que antes parecia incrível, passa a ser notado com outros olhos. Isso prova que a vida que vivemos depende muito do estado em que nos encontramos. Ou seja, se melhorarmos nosso estado interno, conseguimos mudar todo nosso exterior, que nada mais é do que um reflexo daquilo que somos.

Nosso nível de sucesso estará sempre em paralelo com nosso desenvolvimento – essa é uma das premissas básicas do que eu vou compartilhar agora. Com a autoestima baixa, cuidando de filho e de marido, comecei a refletir sobre a vida que eu estava levando. Naquele momento, eu comecei a entrar em uma espécie de crise existencial, não apenas por conta da gestação, mas porque era um momento muito novo em minha vida. Eu enfrentava desafios inéditos e estava sensível por conta dos hormônios da gravidez. Isso potencializava o foco onde eu não queria, mas era inevitável: sabia que precisava promover mudanças em meu estilo de vida e em meus hábitos se quisesse transformar aquilo tudo. Era definitivo: eu precisava transformar a mim mesma.

Nessa época, comecei a ler livros que traziam hábitos das pessoas bem-sucedidas. Robin Sharma, Tony Robbins, Hal Elrod, Jim Rohn e empresários de desenvolvimento pessoal. Todos diziam sobre a importância de hábitos de sucesso. Mas eu não tinha tempo. Logo passei a acordar uma hora mais cedo que meus filhos.

Decidi que seguiria um novo ritual: acordar cedo, para mim, seria um novo desafio.

Comecei a praticar todos os rituais que via nos livros de desenvolvimento pessoal. Eu sabia o que me trazia mais energia e o que eu poderia incrementar em minha rotina. A partir de um processo gradual, alcancei a meta de acordar uma hora antes de minha filha despertar. E preciso dizer, já com a Linda em meus braços, o que tornava tudo ainda mais desafiador. Toda mãe de recém-nascido sabe o forte sono que surge nos primeiros meses por conta da amamentação noturna e da rotina totalmente modificada, que nos obriga a acordar toda a madrugada. O negócio é que eu estava determinada e eu percebia que muitas pessoas bem-sucedidas tinham incorporado aquela simples mudança em suas vidas e tido tanto resultado, por isso, decidi testar.

A princípio, comecei a levantar às oito da manhã – um grande avanço, para quem sempre se levantava às nove. Nos dias que se seguiram, determinei que acordaria às sete e decidi que nas semanas seguintes faria isso quase que religiosamente. Na sequência, percebi que poderia acordar ainda mais cedo e comecei a programar o despertador para isso: seis da manhã. Toda essa rotina era compartilhada em minhas redes sociais, eu contava como me sentia diferente naqueles dias.

Minha mudança de humor foi maravilhosa. O dia parecia render mais e quando chegavam nove horas da manhã, hora que eu estava habituada a me levantar, já estava 100% energizada, com a mente pronta para começar as tarefas do dia, diferente de quando simplesmente me arrastava para completar um quadro de pendências que pareciam não ter fim.

Aliado a essa nova rotina, comecei a praticar alguns hábitos poderosos que tinha aprendido lendo dezenas de livros de desenvolvimento pessoal. A partir de minhas leituras, eu percebia que poderia criar a minha própria transformação, que eu era dona do meu tempo, do meu corpo, e que as minhas atitudes traziam novos resultados: era um verdadeiro despertar. Eu começava a superar a mediocridade e a viver o meu pleno potencial; eu era ainda maior do que as minhas maiores desculpas e estava pronta para criar a vida que eu desejava, sem limites de sonhos ou realizações.

Segundo minhas leituras apontavam, 95% das pessoas se contentavam com uma vida mais ou menos, viviam com remorso, com culpa e arrastavam seus problemas, sem entrar em ação para modificá-los. Eu queria fazer parte dos 5%. Eu queria estar mental e emocionalmente bem todos os dias para realizar o meu propósito. Além disso, eu começava a entender que resultados financeiros eram consequência da ação e da manutenção do nível de energia de cada ser humano. Eu não queria que minha vida fosse uma luta, eu queria uma vida em que eu sentisse amor todos os dias, em que eu não fosse rotulada pelo o que eu tinha sido, como se o passado deixasse uma marca que me impedisse de conquistar tudo o que eu queria. Compartilhar a minha vida e o meu ponto de vista com as pessoas as transformava.

Era hora de despertar para possibilidades ilimitadas. Eu tinha um propósito de vida, sabia do impacto e das consequências que cada escolha e cada ação tinha e ainda ouvia a frase de T. Harv Eker, autor do *best-seller Os Segredos da mente milionária*, ressoar em minha mente: "Como você faz qualquer coisa é como você faz tudo".

Percebi que o que os livros de autoajuda e de desenvolvimento pessoal sempre diziam era verdade: "sempre que você escolhe fazer a coisa fácil ao invés da coisa certa, está moldando a sua identidade, tornando-se aquele que faz o fácil e não o que é certo". Ao mesmo tempo, quando decidimos fazer o que é certo, desenvolvemos uma disciplina extraordinária que nos capacita a enfrentar outros desafios.

Acordar cedo parecia pouco, mas era o início da minha nova rotina. Era um marco em minha vida, porque eu começava a me responsabilizar pelos meus resultados, e quando eu me responsabilizava pelas minhas ações, trazia ordem para a minha vida.

Naquele momento, era importante contar com a ajuda do Rodrigo, um parceiro que acreditava em mim, me ajudava a chegar onde eu queria e sempre me dizia palavras de progresso. Além disso, descobri, depois, a importância de estar ao lado de pessoas que nos encorajam e nos desafiam a sermos melhores. Eu estava farta de vez ou outra alimentar medos e inseguranças que contribuíam para que minha instabilidade emocional começasse.

Eu queria uma vida proativa e sabia que essa vida estava disponível, bastava vivê-la. A possibilidade de continuar com os antigos hábitos ainda existia, mas isso significava não assumir e nem me comprometer com minha melhora e meu crescimento pessoal.

A grande verdade que descobri nos dias em que comecei a acordar mais cedo, e que fiz desse costume um hábito, foi que, quando não mudamos no momento em que queremos, nossa vida continua estagnada. Foi com esse simples ensinamento que comecei a incorporar outros hábitos à minha rotina, hábitos que me possibilitaram aproveitar melhor o tempo, valorizá-lo; ter mais momentos saudáveis e prazerosos enquanto estava presente com meus filhos; ouvir as pessoas; tendo uma vida mais satisfatória, com a mente menos agitada e com o coração tranquilo.

Eu sabia que não havia nada de errado comigo, que apenas eu poderia modificar minhas ações e a maneira como via o mundo ao meu redor, que a mudança aconteceria a partir do momento que eu lançasse luz sobre as sombras que me impediam de caminhar. Nesse momento, o despertar trouxe ainda mais luz para a minha existência.

Portanto, a primeira coisa que sugiro é programar o despertador para um horário mais cedo do que aquele que você está habituado a acordar. Essa dica facilitará a sua vida, a partir da rotina que vou propor a seguir.

Se você pula da cama atrasado, toma seu café da manhã correndo e se entope de notícias trágicas pela manhã, você está fazendo de tudo para detonar o seu dia. É necessário injetar uma dose de energia pela manhã, quando o cérebro está preparado para receber essa dose. Ao acordar, pare imediatamente de contabilizar problemas, pendências, ler *e-mails*, responder mensagens e pensar em tudo o que tem que fazer; não crie uma aura de preocupação em torno de você. A partir de hoje, defina que essa primeira hora será a hora mágica de seu dia e que você mudará a maneira como se sente e a maneira como age nas horas seguintes.

Começar o dia sem seus sonhos em mente, sem saber o que move você, sem planejar o que precisa ser feito ou se conectar com seus objetivos é uma forma de suicídio. É preciso criar uma rotina que nos conecte à nossa essência, para não cairmos em um clima, em um terror psicológico, de constante martírio como se não pudéssemos transformar a nós mesmos.

A PRIMEIRA TRANSFORMAÇÃO

Nas linhas a seguir, escreva qual horário você se levanta diariamente e o horário que está disposto a se levantar nos próximos 21 dias. Sugiro que use este diário para escrever como se sentiu ao levantar todos os dias, **nos primeiros sete dias.**

DIA 1

DIA 2

DIA 3

DIA 4

DIA 5

DIA 6

DIA 7

AS PRIMEIRAS ROTINAS DO DIA

A primeira coisa que quero que perceba é que você precisa seguir todos os dias os hábitos que vou propor a seguir. Como disse anteriormente, a força do hábito é implacável e pode mudar por completo a sua vida.

Muitos enxergam os hábitos como o lado chato da história, mas poucos entendem a força do hábito.

Para começar, vamos falar um pouco sobre psicologia. Os psicólogos dividem a mente em consciente e inconsciente. O consciente representa 10% das nossas funções cerebrais: são os pensamentos que controlamos e as ideias que temos. O inconsciente é o que Freud chamava de *id*. Quando falamos a respeito da fisiologia do cérebro, o inconsciente revela muitos mistérios.

Especialistas afirmam que um único pensamento pode ativar várias regiões do cérebro ao mesmo tempo. Portanto, a todo momento seu cérebro está funcionando, mas a sua consciência traz à superfície apenas os aspectos do todo que compõe o pensamento. Explicando mais a fundo, de acordo com o médico indiano Deepak Chopra, que combina preceitos da Ciência à antiga Filosofia Oriental, existe um equilíbrio dinâmico entre corpo, mente e espírito, que faz com que alcancemos notáveis resultados. Chopra afirma que, para termos qualquer pensamento, é preciso construir canais que percorram o corpo todo. Esses canais, através da conexão psicofisiológica, convertem os pensamentos em reações físicas.

E tudo isso se dá através do hábito: uma aventura conjunta entre corpo e mente, em que a mente é o líder e o corpo um companheiro silencioso. Sendo assim, os hábitos condicionam o sistema "corpo e mente" a gerar saúde e felicidade automaticamente. Ou seja, através dos hábitos, alteramos a rotina do inconsciente e o remodelamos com sugestões e repetições.

De alguma forma, nos ensinaram que são as circunstâncias externas que determinam nossa realidade, mas é como utilizamos nossa mente que criamos nossa realidade, a partir de nossas faculdades mentais e de nossa percepção. O seu mundo externo é um reflexo de seu mundo interno. Por isso, jamais perca a postura de aprendiz diante da vida, porque sempre temos algo a aprender, sempre há como romper com preconceitos e fugir de um estado doentio de autossuficiência.

Quando começamos a nos observar, com atenção, fazemos uma mudança íntima e nos tornamos cúmplices com a decisão de crescer. O objetivo é sempre evoluir e eu acredito que é para isso que estamos nessa jornada chamada vida.

As rotinas que proponho aqui não devem ser apenas levadas nos finais de semana. Elas devem estar presentes em seu dia a dia, a cada instante, onde você estiver. Se você assumir esse desafio com seriedade, se você se comprometer com a sua meta, você estará pronto para uma jornada em que cuidar da sua atitude, de seus hábitos, de sua vida mental, cultivando bons pensamentos e sendo vigilante na postura diante da vida, só trarão resultados positivos, já que você passará a encontrar novas virtudes dentro de si mesmo. Não tenha dúvidas de que você alcançará o seu objetivo.

Agora, sugiro que você escreva, nas linhas abaixo, uma carta de comprometimento. Ela pode seguir este modelo:

Eu, [seu nome], me comprometo a seguir uma nova rotina de hábitos que transformarão a minha vida externa, pois estarei modificando a minha vida interior, meus pensamentos, minha maneira de agir e de reagir diante das circunstâncias. Eu sou responsável pelos meus atos e sei que as consequências de minhas atitudes, boas ou ruins, são colhidas, única e exclusivamente, por mim; portanto, desejo, a partir de hoje, quebrar esse padrão e melhorar a minha vida, de maneira consciente, criando uma nova rotina de atitudes que me deixarão pronto para dias mais prósperos.

Carta de comprometimento

UM NOVO ESTILO DE VIDA

Você deve se lembrar de quando era criança e olhava tudo com entusiasmo e admiração; quando pequenas coisas enchiam o seu coração de contentamento, quando você ficava fascinado pela vida. Muitos de nós perdem essa alegria de viver com o passar do tempo. Nós acabamos desiludidos, e a magia da vida desaparece com os dias atribulados.

Quero apenas dizer a você que é possível resgatar esses dias incríveis. A vida pode ser maravilhosa, empolgante, cheia daquilo que você sempre desejou, vendo materializar-se diante de seus olhos. Para transformar sonhos em realidade, você deve somente experimentar essa nova rotina. Não importa quem é você, de onde veio ou quais são as suas atuais circunstâncias, você pode mudar a sua vida.

Eu percebo que tudo está ao nosso alcance: a vida de milagres, de cura, esperança, relacionamentos saudáveis, prosperidade. Independente do estado em que você se encontra agora, você pode ter a riqueza que tanto deseja.

Ao adotar esse novo estilo de vida, você entenderá como é diferente despertar de uma nova maneira, e se sentirá mais feliz, entusiasmado, pleno e energizado como quando era criança. Os desafios continuarão a existir, mas você terá ferramentas internas para vencer quando tudo parecer difícil. Quando você descobrir que pode incorporar esses hábitos facilmente em sua rotina, verá os resultados com seus próprios olhos. Então, tenho certeza de que não vai querer voltar a viver a vida da maneira que a vivia antes.

Quero que você tenha dias da mais absoluta gratidão pela vida, com resultados fantásticos e ações efetivas em direção aos seus sonhos mais loucos. Esse planejamento requer que você tenha disciplina: acorde mais cedo que o habitual, como se comprometeu a fazer há algumas páginas e perceba como em pouco tempo você irá reprogramar o seu subconsciente implantando um *chip* de prosperidade e alegria, para trazer bons pensamentos em quaisquer circunstâncias.

Como está a sua vida hoje? Você sabe responder a essa questão? Quando você acordou, pela manhã, qual foi a primeira coisa que pensou? Aliás, como você tem acordado todas as manhãs? Já parou para perceber que muita gente, quando está apaixonada ou quando tem um evento externo motivador, acaba mais feliz, e de repente, como num passe de mágicas, as coisas passam a mudar? Quantas vezes já ouviu as seguintes expressões: "o vento está soprando ao meu favor" ou "estou numa maré de sorte"?

Por outro lado, já reparou que quando algo ruim acontece, é como se aquilo virasse uma bola de neve? Você fica mais nervoso, mais preocupado, com medo de tudo, e do nada, você diz "estou numa maré de azar"?

Mas, você já parou para se perguntar o que define os eventos que se desenrolam no decorrer de seu dia? Você pode não perceber, mas a escolha desse caminho está em suas mãos, a todo tempo. E mais, quero fazer um convite: a partir de agora, comprometa-se a aprender com os desafios. Neste ponto, começaremos nossa nova jornada.

Vou lhe dizer um segredo: quando você muda, sua química muda e isso desperta um poder muito grande dentro de você. Então, pensando nisso, acorde, e esse dia, mesmo nublado, vai ter gosto de vitória. Você sairá no trânsito e vai perceber o que até então você não tinha percebido. Como mágica, você se sentirá bem, e as coisas começarão a fluir em sua vida.

Você vai se perguntar como aquilo é possível. A resposta é que, quando você muda sua energia, você passa a emitir outra vibração e essa nova vibração atrai tudo aquilo que está na mesma sintonia. Quando não temos controle dos nossos pensamentos, eles começam a gerar mais e mais problemas. Pensar em problemas o tempo todo, faz com que não sobre espaço mental para mais nada. O sentimento gerado pelos problemas é ruim; logo, nos sentimos mal. E nos sentimos mal por uma possibilidade criada pela nossa própria mente.

Da mesma forma, se você se concentrar em mudar os seus pensamentos, sabe o que vai acontecer? Alimentando pensamentos de riqueza, prosperidade e saúde, você vai se tornar alguém que sintoniza com aquele tipo de informação.

Vamos começar falando de paradigmas. O que é um paradigma? É um padrão a ser seguido.

Esse termo tem origem grega e significa "modelo", "padrão". Um paradigma é algo que você interpreta de determinada forma e sua forma de pensar é moldada por paradigmas.

Se você é uma pessoa que acredita ser capaz de fazer algo, provavelmente você será mesmo capaz de fazer algo. Tudo é possível se você acreditar 100% que é possível.

Quando entramos no fluxo da vida e começamos a dar passos seguros, acreditando naquilo que queremos, nada é capaz de nos brecar. Nós ficamos, de certa forma, "imparáveis", para citar um neologismo. Por isso, a importância de se saber o que se quer. Quando você sabe o que quer fazer e como quer se sentir, fica muito mais fácil emitir a energia para que aquilo aconteça. Claro que é normal que tenhamos dias bons e dias ruins, faz parte da vida mudarmos o estado de humor. No entanto, temos como controlar a mente para que essas alterações não nos peguem desprevenidos e não nos derrubem, porque, quando deixamos isso acontecer, a probabilidade é que nossa energia diminua consideravelmente e comecemos a ver apenas sofrimento e coisas ruins acontecendo para nós.

Coisas ruins acontecem para todo mundo. Mas como reagimos a elas? Que poder damos às coisas externas para que elas nos atinjam? Quando estamos mentalmente e energeticamente fortalecidos, nada nos pega desprevenidos. Repito, nada. Não há possibilidade de um pensamento maldoso dominá-lo quando você está com a mente firme. Não tem como uma notícia ruim abatê-lo quando você está otimista, quando você acredita que os horizontes se abrirão à sua frente. E você pode fazer o teste: dê a mesma notícia a duas pessoas, uma otimista, outra pessimista, e você verá opiniões divergentes e como aquelas notícias impactarão de maneira diversa a vida de cada uma delas.

Alguém negativo é simplesmente incapaz de ver coisas boas. Ele está tão focado em desgraças que mal consegue sintonizar em outra estação. Portanto, uma notícia como a crise, por exemplo, pode alavancar dois cenários. O negativo pode se envolver com o assunto e se preocupar com o fato de perder o emprego. Alimentando o medo, ele vai reagir à notícia recebida e ficar em estado de alerta. Se, por outro lado, diante de uma crise alarmante, a pessoa se sente positiva e começa a inventar novos meios de trabalho, começa a pensar em quanto é grata por ter um emprego e pelo modo como as coisas sempre funcionam para ela, ela está, automaticamente, com o seu aspecto mental fortalecido, como uma blindagem. As pessoas passam a ver a pessoa que reage positivamente como alguém bem-sucedido, porque ela acaba projetando aquela imagem feliz.

De qualquer forma, para não ser falso, não dá pra fingir felicidade ou para fingir um estado mental positivo; se você se sente mal, naturalmente, você emitirá outra energia.

Todo pensamento gera um sentimento; todo sentimento gera uma ação e toda ação gera um resultado.

Tudo faz parte e é um ciclo. Após assistir a um filme de comédia, você pode perceber como você se sente: ri, fica leve. Após um filme romântico, se dá uma sensação de amorosidade. Mas, se você assistir a um filme de terror, por exemplo, seu sensor de pânico se ativa e você sente medo ao sair do cinema, mesmo sem ter experimentado nenhuma situação que o coloque em estado de alerta.

Por isso, é sempre bom nos imaginarmos em situações que fazem bem. Se é pra projetar o futuro, que ele seja maravilhoso. Cultivar os pensamentos é a melhor forma de se manter bem. Mas você precisa cultivar pensamentos bons, porque sem eles, não haverá bons sentimentos. E se o mundo externo é um reflexo do mundo interno, então está tudo explicado: se, internamente, sua vida está uma bagunça, por fora, você só vai refletir isso. E você precisa buscar mecanismos que o façam se sentir bem: é apenas mudando o padrão de energia que você vai conseguir mudar sua qualidade de vida.

Você precisa aprender a levar uma vida altamente energizada. De que adianta pensar mal de alguém? Você acha que está fazendo mal para esse alguém, mas está, na verdade, fazendo mal para você mesmo. Porque toda energia emitida volta para você, com uma intensidade ainda maior, e é como se você se envenenasse. Se você pensa de uma forma, suas atitudes refletem isso. Quando você faz sempre as mesmas coisas, você tem sempre os mesmos resultados, as mesmas manias, a mesma rotina e o mesmo comportamento.

Quando você muda, experimenta sensações novas e muitos temem as sensações novas. Por isso, muita gente não arrisca, nem sai da zona de conforto. Talvez esse desconforto seja o primeiro passo para levar você à realização de seu sonho. Afinal, não há como, sempre, dar um passo em segurança. Você precisa confiar que terá ar para respirar, mas nem pensa nisso durante o seu dia. Da mesma forma, você tem que confiar que as coisas acontecerão da maneira que abrirão os seus caminhos em direção aos seus sonhos.

É através das crenças inconscientes que você vai chegar a seus sonhos. Por isso, expandir a sua zona de conforto é necessário; é necessário para que você tenha uma vida mais alinhada com aquilo que busca – e a partir disso, cada passo conta.

Eu costumo dizer que, se você não consegue controlar o horário que acorda, o que mais irá controlar em sua vida?

Eu me levanto porque gosto de vencer a mim mesma, de me sentir capaz de fazer o impossível, de fazer tudo aquilo que parece impossível para mim. Quando você se levanta e faz seu corpo se levantar, naturalmente você se movimenta. Portanto, saia da cama, tome um copo d'água, lave o rosto e troque a roupa que está usando imediatamente.

Depois disso, eu faço meditação, que tenho estudado com grandes mestres.

MEDITAÇÃO

Muitas pessoas acreditam que a meditação está relacionada apenas com o relaxamento, com a redução do estresse e a paz de espírito. No entanto, o verdadeiro propósito da meditação é ainda superior: na Antiguidade, iogues e profetas já praticavam a meditação com o objetivo de vivenciar experiências transformadoras.

Através da meditação, é possível afastar a consciência de nosso caos interno e acalmar os pensamentos cotidianos, ao transportá-los, todos, para um estado de tranquilidade e silêncio característicos da alma e do espírito. Várias formas de meditação podem ser utilizadas como mantras, como veículos para elevar a consciência, com instrutores qualificados ou até com meditações guiadas, encontradas até no Youtube.

Quanto mais meditamos, mais consciência temos do momento presente. Certa vez, ouvi uma história interessante que exemplifica bem como funciona a meditação. Imagine que você está sentado diante de um lago. A água desse lago é calma, plácida e lisa como um espelho. Em sua mão, há uma pedra, você a atira no lago. Ao atirá-la, as ondulações arrepiam a superfície da água e pequenas ondas se propagam no lugar em que a pedra afunda e, na sequência, percorrem seu caminho até a margem do rio. Nessa história, você é o lago. Cada pensamento, ação e sentimento é uma pedrinha que influencia seu corpo, seus relacionamentos, seu presente e seu futuro. Não há sequer um momento que possa ser classificado como insignificante na sua existência. Por isso, insisto tanto no *detox* das redes sociais, da televisão e de programas violentos ou conversas nos aplicativos pelo celular – tudo nos influencia, das menores informações, até as maiores. Cada ação, por menor que seja, pode ocasionar uma reação em sua vida.

Por mais que meditar possa parecer uma palavra assustadora para aqueles que não se veem com a mente vazia, esse estado de contemplação silenciosa representa, simplesmente, um retorno à atenção que se volta para dentro de si. Dessa forma, acessamos nossa sabedoria mais profunda.

Quando incorporamos a meditação em nosso dia a dia, como um ritual, conseguimos criar um sistema de harmonia que suaviza nossos pensamentos. Assim, ficamos mais presentes para a vida e reagimos de maneira mais equilibrada e sensata às situações que surgem como desafios. Em minha vida, por exemplo, o ato de meditar faz parte da minha disciplina mental.

Seja qual for o seu objetivo a partir da prática da meditação, seus efeitos fisiológicos trazem muitos benefícios, como mudanças no metabolismo, redução da frequência cardíaca, da pressão arterial e maior facilidade na respiração.

Quanto você atua, em seu dia a dia, para restabelecer o equilíbrio?

Quando perdemos a cabeça, também perdemos o nosso equilíbrio. Por isso, é preciso atuar com consciência conduzindo nossos pensamentos, ajustando-os para onde queremos ir. A direção, somos nós que promovemos. Emocionalmente, oscilamos demais se deixarmos o equilíbrio de lado.

E como acalmar a mente?

Acalmar a mente é uma arte. Nossa mente pode nos causar situações de caos e de confusão e ameaçar a nossa paz. Sempre em ação, ela processa os eventos e nos prepara para que saibamos o que fazer em seguida. É a mente que reúne preconceitos, ansiedade, motivações, mesmo que não entendamos tudo o que vem à tona através de nossas ações.

A ideia aqui é que, ao invés de ser dominado pela mente, você possa usá-la a seu favor.

Na sequência, alguns padrões mentais que você pode quebrar:

– Eliminar o hábito de conservar pensamentos negativos, e reformulá-los de maneira positiva;

– Eliminar aqueles pensamentos autodestrutivos, identificando-os. Aprenda a ser mais carinhoso com você mesmo.

Essas mudanças nascem a partir da meditação e da predisposição de cada um em incorporar novos hábitos, de maneira consciente. Trata-se de uma excelente oportunidade para trabalhar, profundamente, você mesmo, em um curto espaço de tempo.

Os budistas aconselham que pratiquemos a meditação em silêncio, para que possamos reconhecer e permanecer conscientes diante dos pensamentos, das emoções e dos condicionamentos que invadem nossa concentração, se interpondo a ela. A meditação nos auxilia a expandir nosso tempo de reação; ou seja: nossas reações emocionais mudam de padrão quando meditamos, nós não reagimos com irracionalidade e temos maior controle sobre as nossas reações, o que nos torna aptos para tomar decisões conscientes a respeito do que queremos dizer e de qual maneira queremos dizê-lo.

Conforme nos aprofundamos na meditação, adquirimos uma postura meditativa com relação à vida e nos tornamos mais conscientes diante das questões interpessoais. Isso faz com que tenhamos consciência dos fatos, já que, naturalmente, observamos a nós mesmos e observamos o surgimento das reações habituais, nos tornando mais hábeis no tratamento das emoções que antes eram assimiladas de maneira descontrolada.

Ainda, a prática da meditação desenvolve a capacidade de estar plenamente atento à cada momento. Conscientes, paramos de reagir por condicionamentos passados; atentos, nos tornamos mais autênticos. Essa técnica nos ajuda a retornar à nossa natureza fundamental. Assim, abandonamos ilusões, fantasias e aprendemos a desistir de hábitos condicionados que nos interrompem quando em direção aos nossos sonhos. A meditação nos conduz ao nosso centro interno e é, de lá, que você se aproxima de seus recursos internos sem se deixar contaminar pelas emoções que vêm de fora.

Alguns especialistas afirmam que meditar é purificar as emoções para curar a alma.

Lembre-se: todos nós precisamos de uma rotina de recolhimento e de silêncio para despertar essa força interna. Com um mundo tão agitado e confuso como o nosso, é preciso calma para encontrar algo que nos fortaleça e nos guie em direção às nossas missões e, assim, consigamos concretizar nossos objetivos.

Benefícios da meditação:
Reduz problemas cardíacos;
Melhora a qualidade do sono;
Diminui a incidência de depressão;
Melhora a saúde mental;
Reduz a ansiedade;
Aumenta a capacidade cerebral.

ORAÇÃO

Passamos a etapa da meditação; agora, você vai orar. Orar é o mesmo que fazer um pedido ao Universo. Ainda que você não tenha uma religião específica, faça seus pedidos.

A prece representa a manifestação de um desejo. Esse desejo pode ser um pedido, um agradecimento ou um elogio.

Podemos orar por nós mesmos ou por outras pessoas. Orar exerce uma espécie de ação magnética entre aquele que faz a oração e aquele a quem ela se destina. O poder da prece, portanto, está no pensamento: não depende de palavras, de lugares, de momentos predeterminados ou da forma como essa prece é feita; podemos orar em qualquer lugar, a qualquer hora, sozinhos.

Comprovou-se que o cérebro trabalha de maneira diferente quando oramos. Estudos sobre neurociência demonstram que áreas de nosso cérebro, como o lobo frontal, relacionado à concentração e à atenção e ao emocional, funcionam melhor durante uma oração.

Como vimos, orar traz benefícios tanto psicológicos quanto espirituais. Sensação de maior clareza, propósito, gratidão, de conexão com o outro e de bem-estar geral, são alguns dos benefícios desta prática. Um estudo da Universidade de Rochester, nos Estados Unidos, em recente descoberta, afirma que 85% das pessoas que lidam com uma grave doença buscam ajuda através da oração. Esse fato nos mostra que uma prece não é apenas um fenômeno cultural, mas um aspecto fundamental da experiência humana. No entanto, ainda hoje, muitos lutam para conciliar o poder da oração a uma visão científica de mundo.

Ho'oponopono

Essa é uma técnica que eu uso muito todos os dias. Nela, eu afirmo o seguinte: "eu sinto muito", "me perdoe", "eu te amo", "eu sou grato"; assim, alivio tudo aquilo de ruim do dia a dia.

"EU SINTO MUITO"

"ME PERDOE"

"EU TE AMO"

"EU SOU GRATO"

AFIRMAÇÕES

Depois, chega o momento de fazer as afirmações.

Hoje sei que as afirmações têm um poder extraordinário em nossas vidas. Elas precisam ser feitas diariamente e em voz alta para que nosso subconsciente possa recebê-las. Experimente, veja o que acontece na sua vida quando você incorpora este hábito e sinta o poder desta transformação em cada célula do seu corpo a partir de agora.

Algumas afirmações

"O que eu irradio em meus pensamentos, sentimentos, imagens e palavras eu atraio para a minha vida e para os meus negócios. Estou decidida a ser bem-sucedida na realização maravilhosa de Deus comigo".

"Sinto o amor Divino se expressar através de mim. Ele traz tudo o que é necessário para minha felicidade. Com esse amor, sou preenchida e torno a minha vida completa".

"Decido, a partir de agora, controlar meus pensamentos rumo à prosperidade, ao amor e ao sucesso".

"Tudo e todos me farão prosperar a partir de agora".

"Tudo vem a mim com facilidade, alegria e glória".

Sobre as afirmações

Muitas celebridades e personalidades bem-sucedidas como a Oprah Winfrey, o Will Smith e o Tony Robbins, por exemplo, utilizam afirmações positivas para auxiliar em sua jornada rumo ao sucesso e à riqueza.

O nome já diz tudo: as afirmações positivas são frases ditas em primeira pessoa, com conteúdo afirmativo positivo, e que servem como comandos enviados diretamente à nossa mente, determinando sua maneira de pensar e agir. Ao acordar e se possível antes de dormir, é ideal repeti-las constantemente para si mesmo, mas em voz alta. Você pode, ainda, manter as afirmações com você para repeti-las quando sentir qualquer sinal de instabilidade emocional ou insegurança.

Desde que comecei a fazê-las, as afirmações têm grande impacto em minha vida. Quando repetimos, com convicção, as frases para nós mesmos, gravamos o conteúdo em nosso subconsciente – o subconsciente direciona nossas ações e elas se tornam em ações de sucesso.

Podemos criar nossas próprias frases e afirmações positivas. Mas de que maneira o fazemos? Se sentimos insegurança em determinado aspecto da vida, é essencial afirmar para nós mesmos, todos os dias, algo que transforme aquele desafio em uma afirmação positiva. Se você quer autoconfiança, afirme para si mesmo: "Sou seguro de minhas decisões e sei tomá-las com tranquilidade".

Não importa em qual aspecto da vida está seu problema, crie afirmações para as áreas específicas de sua vida. Se forem problemas financeiros, repita: "Meus recursos financeiros aumentam a cada dia".

Como afirmei anteriormente, as afirmações devem fazer parte de seu ritual matinal. Repita todas as frases durante cinco minutos ou até que você passe a acreditar verdadeiramente naquilo. Eleve sua energia e adote uma postura autoconfiante durante todo o processo.

A ideia é gravar aquilo no seu subconsciente, acreditando para valer naquilo, para incorporá-las em forma de atitudes:

É a repetição de afirmações que leva à crença. Quando essa crença se torna uma convicção profunda, as coisas começam acontecer
Muhammad Ali.

Crie aqui as suas afirmações:

VISUALIZAÇÕES

Depois de feitas as orações e as afirmações, é hora de fazer as visualizações. Se você ainda não as fez, entenda que a prática da visualização é poderosa; talvez uma das maiores ferramentas que o colocarão no caminho da criação de sua nova realidade. O caminho que liga a consciência à criação e permeia todas as nossas experiências, onde ideias tendem a se tornar algo. Você pode perceber: se sua mente deseja que sua mão se feche, ela vai se fechar – a resposta é automática. Em seu aspecto fisiológico, o movimento de fechar a mão é comandado pelo cérebro. Cada impulso da mente humana contém, portanto, conhecimento. Segundo as observações de Einstein, a Ciência começa com a convicção da racionalidade do Universo.

Como tudo aquilo que dedicamos atenção, cresce, quando dedicamos maior foco em determinada questão de elevada dificuldade, nós tendemos a perder energia. Ou seja, aqueles que direcionam sua atenção às emoções negativas, fazem com que elas ganhem posição de destaque em sua consciência, que a sobrecarregam, deixando-os em um estado de baixa energia. A importância de se concentrar em objetivos concretos, é que acordamos todos os dias com disposição. Objetivos definidos mantêm as pessoas vivas. Quando nos conhecemos e sabemos o que queremos, ficamos naturalmente poderosos; temos, naturalmente, atitudes positivas e prestamos atenção ao que sai de nosso padrão vibratório.

Se focarmos naquilo que queremos que cresça, canalizamos a nossa energia em direção ao que é saudável, criamos condições para uma vida sadia, sem pensamentos obscuros que nos fazem mal. Você já deve ter ouvido a máxima "preocupação demais envelhece". Existem muitas pessoas que visivelmente envelhecem quando passam por crises emocionais ou financeiras. Hoje, através de meu canal, vejo pessoas se desestabilizarem por causa de desafios financeiros. A preocupação excessiva com as questões financeiras fazem com que criemos hábitos negativos que nos colocam num estado de medo; e o medo é a frequência vibratória mais baixa que podemos experimentar.

Assim, a visualização vai ajudá-lo a direcionar seu foco naquilo que é positivo e em suas visões de futuro. A visualização é uma maneira de mapear as mudanças que você deseja realizar em sua vida. Para você ter uma ideia de como nosso cérebro funciona, é preciso saber que os circuitos neuronais mantêm todas as mensagens que recebemos, dia após dia, ao longo da vida; tudo deixa uma marquinha lá dentro. A repetição, as fortes emoções, as sensações ou os traumas permanecem colados em nossa mente e influenciam nosso circuito emocional diretamente. Assim, respondemos ao que acontece ao nosso redor porque esse circuito está programado para uma reação. Por isso, muitas vezes não sabemos o motivo de agirmos de determinada maneira; a resposta: antes, nós fomos condicionados, sem sequer perceber, a pensar de determinada maneira.

Para mudarmos esses padrões, é preciso mudar a forma como nos sentimos, remodelando nossas energias e criando novos circuitos neurais. A prática da visualização ajuda bastante nessa questão. A partir dela, é como se abastecêssemos nosso cérebro de novas imagens, para substituir aquelas que já estão ali gravadas. A visualização muda o trajeto do pensamento, atualizando-o e fornecendo um novo mapa para direcionamento de energia. Conforme mudamos a imagem que temos de nós mesmos, tudo o que vem a seguir é pura consequência. É como se, naturalmente, você criasse situações que o apoiassem na direção almejada.

O fenômeno de olhar de forma diferente para o que sempre vimos de determinada forma é descrito como "salto quântico". Quando praticamos as visualizações, nós também reagimos de maneira diferente à vida e desmontamos aquele velho jeito de encarar as coisas, criando novos padrões. Sendo assim, acabamos nos comportando de maneira diferente e, como consequência, as pessoas reagem a nós de maneira distinta.

Tudo é uma questão de mudança de padrão e esse novo padrão faz com que você crie uma nova postura diante da vida: uma postura mais otimista e confiante faz com que as pessoas também vejam você de maneira mais atraente. De certa forma, ao mudarmos a maneira como vemos a nós mesmos, as pessoas mudam a percepção delas sobre nós. Perceba, portanto, que a mudança é sempre interna.

Para aprender é preciso praticar: é preciso mudar nossa postura diante do mundo e das pessoas; exercitar o músculo da paciência quando estamos a ponto de reclamar de algo; e criar mecanismos que quebrem padrões de sentimentos negativos e destrutivos. Isso porque tudo na vida é uma relação de causa e efeito. A partir daí, o mundo vai vê-lo como você se vê. Portanto, é preciso vivenciar internamente o que se quer para si e a prática da visualização ajuda nessa empreitada. Lembre-se: a energia flui para onde direcionamos a nossa atenção. Tudo é questão de criar uma nova rotina e sustentá-la como um novo hábito.

Quando comecei a praticar as visualizações, eu não sabia que nosso cérebro literalmente não sabe a diferença entre real e imaginário. Esse órgão gera reações físicas a partir de imagens. Logo, a realidade material surge a partir de um simples pensamento. Dessa maneira, ao oferecer novas informações a nós mesmos, começamos a mudar nossa consciência. Igualmente, se passamos a nos perceber de maneira diferente, tudo muda. Os chamados saltos quânticos acontecem porque mudamos a percepção de tudo o que está ao nosso redor: a percepção de si mesmo e do jeito que as coisas funcionam.

E como visualizar?

Feche os olhos. Imagine-se conquistando e vivendo tudo aquilo que mais deseja; faça isso com força e intensidade. Seja o que for, imagine-se compondo este cenário. Se o cenário for um carro, pense que você está ali, sentado no banco, segurando a direção. Se for um cenário de relação amorosa, imagine como seria essa relação. Se trata-se de uma relação saudável com sua mãe, imagine-se vivendo esse momento em plenitude, como se um filme passasse em sua mente, sob seu comando e direção.

Prepare-se para o Universo dos sonhos. Agora, um verdadeiro sonho deve começar em sua mente e é você quem o dirige e o constrói. Acredite em mim: logo você estará concretizando tudo isso.

O poder da visualização é mágico, como se fôssemos nossas próprias fadas madrinhas dos contos de fadas. Pegue sua varinha de condão e crie essa realidade através da prática das visualizações.

Crie aqui suas visualizações. Inclua exemplos do que você quer visualizar para seu dia, sua semana, seu ano:

Ler dez páginas de um livro

Eu sei bem a dificuldade de ler um livro inteiro. Por isso, ao criar o hábito de ler apenas dez páginas por dia, você amplia sua mente, assimila o aprendizado e coloca em prática ensinamentos que não conseguirá em lugar nenhum. A partir desse momento, você estará vivendo num estado mental mais positivo, terá feito suas afirmações, visualizações, orações e sua meditação – sua mente está pronta para receber conteúdo de qualidade.

Já se perguntou como você anda se nutrindo? Ou como sua mente está sendo nutrida? Você a nutre de bons pensamentos ou dos ruins? E de qual forma você insere o conhecimento?

Ler é uma forma de absorver conhecimento positivo, que pode ajudá-lo a crescer. A maneira que encontrei para otimizar meus dias, começando cada um deles com uma dose diária de inspiração, com objetivos mais definidos, sabendo e mostrando que existem outras maneiras de pensar, foi ler dez páginas por dia.

Quando abro minha mente para receber o conteúdo dos livros, faço de cada um deles meu aliado. Se você não tem acesso a livros de qualidade, é possível buscar resumos no Youtube ou trechos na internet. Muitos livros também são vendidos *on-line* ou podem ser baixados.

Programe-se:

A seguir, escreva quais livros você vai ler esta semana ou quais você gostaria de ler para se inspirar.

METAS DA SEMANA

Depois, escreva suas metas da semana. Essas metas devem ser relidas diariamente para que você possa se lembrar delas.

Todo início de ano, faço as minhas metas anuais. Quero que você também escreva as suas metas anuais.

Ainda, divido minha semana em metas. As metas podem variar: "dar mais carinho ao meu marido"; "ir mais feliz para o meu trabalho"; ou, "falar para uma pessoa como ela é linda". É possível também fazer metas na área das finanças, por exemplo, "fazer meu rendimento passar de cem para duzentos reais".

Quero que você escreva até mesmo suas metas mais sinistras, mesmo aquelas que você acredite que sejam difíceis de ser realizadas. Seja específico.

METAS DO DIA

Escrever todos os afazeres do dia e depois organizá-los por ordem de prioridade. Assim, tiramos todo o peso de nossa mente. Sabe aquela carga mental que carregamos por lembrar que sempre temos algo a fazer? Você vai perceber como, a partir dessas atividades, vai começar a cumprir exatamente tudo o que está no papel.

Além das metas, também é legal planejar o seu dia. Tenho o hábito de planejar tudo desde pequena. Sou organizada porque costumo planejar a minha semana e os meus dias. Nessa lista, coloco todos os meus compromissos inadiáveis, com horário, endereço e até um número de contato para tirar dúvidas. Faço questão de colocar, ainda, o horário das minhas refeições, do Rodrigo e das crianças, junto do que comemos. Incluo também os períodos de ócio em que sei que vou apenas curtir minha família. É imprescindível, em toda essa rotina, que você possa relaxar, você merece; mesmo que sua pia esteja cheia de louça para lavar, quando for a hora do relaxamento, simplesmente descanse.

Quanto mais me organizo e planejo o meu dia a dia, mais eu checo se dei conta de fazer aquilo que estava determinado.

Não abra mão de nada, porque os pequenos furos na agenda deixarão você desorganizada. Feche seus olhos e imagine. Pense na sua vida daqui dez anos: Como você a enxerga? Você abriu mão de sua vida por causa dos filhos? E o que aconteceu em todos esses anos? Você achava que para ser uma mãe incrível, você precisaria abrir mão de sua vida?

Nesse desafio, o mais importante é saber o que você quer e até onde quer chegar, em todas as áreas da vida. Em meu caso, eu quero o máximo em tudo; quero o que a vida puder me proporcionar. Acredito que o que falta na vida é querer o máximo, diferente de apenas aceitar o que a vida nos proporciona. Na pior das hipóteses, sabe o máximo que me pode acontecer? Perder tudo o que conquistei até hoje. E se isso acontecer, o que eu posso fazer? Começar de novo, e de novo, e assim por diante.

Não tenho medo e sabe por que as coisas acontecem comigo? Porque mesmo quando o medo bate à minha porta, eu não permito que ele vença. Perdendo tudo, posso não ter dinheiro, posso ter que vender doce para comprar água para os meus filhos ou, mesmo, não ter onde morar. Acontece que eu não tenho vergonha de lutar e de trabalhar. Acredito que é assim que eu cresço, pouco a pouco: cada vez que minhas conquistas aumentam, faço minha base e minha segurança.

E eu também aconselho, dê este *start* em sua vida. Um dia após o outro, crie suas metas; estenda-as para as metas semanais, mensais e anuais.

METAS DO DIA

METAS DA SEMANA

METAS DO MÊS

METAS DO ANO

Quadro dos sonhos:
Pegue uma folha A4, desenhe ou recorte imagens que representem os seus objetivos e cole na folha.

Preencha com frases inspiradoras.

Estabeleça um prazo para alcançar cada um desses objetivos.

Coloque este quadro em um local onde você possa visualizá-lo todos os dias.

ATIVIDADE FÍSICA

É hora de colocar o corpo para produzir serotonina, o hormônio responsável pelo seu bem-estar. Dessa forma, você vai ficar com mais disposição ainda e dar início às conquistas à sua espera!

As pessoas me perguntam como acordo com tanta disposição. A elas, sempre respondo que tenho dois filhos e uma saúde e uma força invencível dentro de mim. Enquanto Deus me der saúde, eu enfrentarei este mundo. E repito: pode vir para cima de mim que eu aguento.

Nada tira a minha alegria de viver. Se o desemprego for motivo para perder a graça de viver, é porque você não sabe o que é sofrimento de verdade. O problema acontece para nós e não conosco. Às vezes, martelamos em nossa cabeça "o problema acontece comigo". Não, o problema acontece com todos nós. Apenas você pode encontrar a solução para ele.

Costumamos nos preocupar demais com o outro e, automaticamente, isso afeta nosso dia. Por isso, tento me desfazer de tudo, e para melhorar meu estado mental, espiritual e físico, não poupo esforços. Pela manhã, a atividade física nos deixa mais dispostos a encarar o dia, fisiologicamente nos sentimos bem. Se você não tem tempo suficiente para uma atividade mais elaborada, tente dançar uma música de que você goste, tente se movimentar, subir escadas ou caminhar, não importa, o essencial é movimentar o corpo.

UMA SEMANA DE NOVOS HÁBITOS

Na semana em que você iniciar esses novos hábitos, quero pedir que não assista aos *stories* de ninguém nas redes sociais – não valem nem os meus. O contato com uma simples cena pode interferir em seu dia a dia, despertar emoções, sentimentos, e influenciar seu estado de humor. As redes sociais podem ser um buraco negro e algumas armadilhas fazem você perder todo o humor, e despencar seu estado emocional.

Por isso, coloque em sua lista:

– Pare de explorar o instagram;

– Pare de seguir redes sociais de fofoca.

A seguir, faça um "controle": ao final de cada dia, liste por escrito um fato que tenha sido positivo e outro negativo. Depois, escreva a resposta para a seguinte pergunta: "Como eu criei cada uma dessas situações?". Se houver outras pessoas envolvidas, responda: "Qual foi o meu papel na criação de cada uma dessas situações?".

O MAIOR DESAFIO: PARE DE RECLAMAR

Se você não gosta de alguma coisa, mude-a.
Se você não pode mudá-la, mude sua atitude.
Não reclame.
Maya Angelou

Nossos pensamentos criam nosso Universo e regem nossas palavras. A partir de agora, proponho um desafio: fique sete dias sem reclamar. Ao controlar as palavras, eliminando as reclamações, conferimos objetivo à vida e atraímos aquilo que desejamos. A questão é que, na maioria das vezes, nos concentramos apenas nos problemas; esse único foco, é fato, não nos permite encontrar a solução. *Pare de reclamar e concentre-se nas coisas boas*, de Will Bowen, nos diz:

"Olhe além do problema. Visualize a solução. Fale apenas sobre o que deseja e com quem possa ajudá-lo a conseguir o que quer. Assim, você diminuirá o tempo de espera necessário para obter o que quer e, de quebra, será uma pessoa mais feliz".

Esse livro tenta nos mostra como agimos sobre nós mesmos. A intenção do autor é demonstrar, por meio de suas sugestões, o quanto reclamamos e desafiar quem o lê a ficar 21 dias sem reclamar. Bowen tenta nos mostrar o que fazemos, como fazemos o que vivemos e o quanto falamos e profetizamos sobre nós mesmos.

Ainda antes de ler todos os livros que li, eu já tinha consciência do quanto as palavras têm poder. Quando mudamos nossa maneira de pensar, tiramos o foco das reclamações diárias e criamos, assim, um novo estilo de vida.

É fato que aquilo que você procura, você vai encontrar – é inevitável que aconteça dessa forma. Focar apenas nos problemas ou nos acontecimentos ruins da vida, atrai apenas mais problemas e mais acontecimentos ruins. Ao contrário de melhorar, tudo piora, porque sua atenção está inteiramente focada em aspectos negativos.

Ao sugerir os 21 dias de desafio, o livro ainda nos diz:

"Quando reclama, você emprega o incrível poder da sua mente para procurar coisas que não quer e acaba atraindo-as. Então passa a se queixar desses novos problemas e atrai mais do que não quer, ficando preso num círculo vicioso – uma profecia autorrealizável de reclamação: manifestação, reclamação, manifestação, reclamação, num ciclo que nunca tem fim".

Já falamos anteriormente: os pensamentos também são energia. Eles têm o poder de materializar aquilo que queremos. Se, a partir de agora, tentamos concentrar nossos esforços na criação de uma mentalidade fecunda, que deseja a vida próspera, e que visualiza realizações e bênçãos para todos, por que focar naquilo que está ruim?

As palavras revelam, reforçam e perpetuam os seus pensamentos. A partir deles, você atrai o que se conecta, harmonicamente, com o seu padrão de pensamento e repele aqueles que não se conectam. Quando você se queixa, na realidade, você afasta tudo aquilo que afirma querer. As reclamações repelem as suas vontades e adquirir consciência da quantidade de reclamações que são proferidas constantemente em seu entorno também fará com que você perceba que atrai essa energia negativa. Essa realização dos fatos faz parte do processo de transformação.

Agora, você é uma pessoa mais positiva. Você fala sobre o que deseja e não resmunga sobre o que não deseja. A partir de agora, as pessoas vão querer trabalhar com e para você; você obterá grandes conquistas e receberá mais do que jamais sonhou. Dê tempo ao tempo, mantenha-se atento e isso acontecerá.

Eckhart Tolle, autor alemão mundialmente conhecido pelo livro *O Poder do agora*, em seu outro sucesso *Um novo mundo – O despertar de uma nova consciência*, afirma: "Reclamar não deve ser confundido com informar alguém de uma falha ou de uma deficiência para que elas possam ser sanadas. Além disso, abster-se de reclamar não significa necessariamente tolerar mau comportamento ou má qualidade. Não há interferência do ego quando dizemos ao garçom que a comida está fria e precisa ser esquentada – desde que nos atenhamos aos fatos, que são sempre neutros. 'Como você se atreve a me servir sopa fria?'. Isso, sim, é uma queixa".

Portanto, no novo estilo de vida que proponho agora, sugiro que você fique, para começar, sete dias sem reclamar; pelo menos os primeiros sete dias. A comida está salgada? Não reclame. O marido não contribui com os afazeres da casa e você está cansada de chamar atenção? Deixe estar. Para tudo o que incomodar, respire fundo. Mude sua postura diante dos acontecimentos. Não digo para adotar uma postura passiva diante de tudo, mas, durante uma semana, tente excluir de sua vida o hábito de reclamar.

Se sua mãe – ou qualquer outra pessoa – reclama, evite dar ouvidos a essas reclamações. Corte, de imediato, aqueles que trouxerem reclamações. Como não é possível controlar os outros, quando alguém começar aquele assunto que você sabe que vai gerar uma onda de reclamações, mude de assunto ou se afaste. Às vezes, nossos ouvidos se tornam penico dos outros e nós absorvemos todo o lixo tóxico das pessoas, que, depois de botar para fora, saem aliviadas; nós é que ficamos com a mente repleta.

Nossa vida já é demasiado séria demais e todos nós, sem exceção, temos problemas. Por isso, não podemos despejar nossos problemas, como se fosse responsabilidade dos outros resolvê-los. Nós é que somos responsáveis pela nossa realidade e é preciso entender isso de uma vez por todas: alimentar reclamações não adianta absolutamente nada.

Hoje, meu foco é conviver com pessoas que acrescentam. Não espero pela mudança daqueles que só reclamam, apenas me afasto de pessoas tóxicas. Muitos carregam o hábito de manter as feições amarradas onde quer que estejam. Essa energia, esse desânimo é uma espécie de ímã para a energia negativa. Assim, a pessoa contagia a todos com sua própria energia de lamentação, como se a vida fosse um martírio.

Para quebrar esse padrão, eu geralmente falo: "Nossa, como você está bonita (o) hoje". A afirmação serve para destacar um aspecto positivo da pessoa; ou seja: eu aplico a disciplina positiva e ressalto algo positivo no outro.

Quando as pessoas me perguntam se vejo algo bom em tudo, eu logo respondo que sim. Se você procura reais motivos para "fechar a cara", como se diz, vá a uma comunidade carente ou a um hospital sem recursos. Ao visitar esses locais, de extrema carência, você verá o que é ter motivos para reclamar da vida.

Quando falo sobre o hábito de não reclamar, está implícita a vigilância aos pensamentos. Conservar, a maior parte do tempo, pensamentos positivos provoca alterações químicas no cérebro, logo, seu organismo se sente melhor, o que é cientificamente comprovado. Por outro lado, os pensamentos negativos e depressivos causam alterações químicas que prejudicam o corpo.

As substâncias químicas produzidas pelos neurônios do cérebro, responsáveis pela transmissão dos impulsos nervosos dos pensamentos, são chamadas de neurotransmissores. Isto é, se controlarmos, de maneira consciente, nossos pensamentos, escolhendo-os, nossa química cerebral pode ser modificada. Essa mesma química é responsável por induzir a secreção hormonal em várias regiões do cérebro, como o hipotálamo e a hipófise, hormônios que transmitem mensagens a todos os órgãos do corpo.

Sendo assim, é vital que cultivemos pensamentos alegres, amorosos e tranquilos, como a compaixão, a amizade, a bondade, a generosidade e o afeto. Assim, é possível promover mudanças fisiológicas profundas. Não à toa, sempre procuro beijar e abraçar meus filhos, namorar o meu marido, estar em permanente estado grato e feliz; quando me sinto bem, estimulo meu sistema imunológico. Bons pensamentos podem ajudar não somente a ter uma energia e uma vitalidade melhor, porque possibilitam um padrão energético mais alto, mas também fisiologicamente você passa a se sentir mais potente, graças a toda a química que podemos alterar em nosso cérebro. Por fim, fica claro que quando temos o controle de nosso pensamentos, podemos organizar nossas ações com mais foco.

Depois de aplicar, por vontade própria, todos esses conceitos em minha vida, posso dizer que, hoje, colho muitas coisas boas. Portanto, seria inadmissível que eu guardasse apenas para mim. Costumo dizer que se eu não puder ajudar pelo menos uma pessoa por dia, é como se minha vida não fizesse ou tivesse sentido. A oportunidade de compartilhar esse conteúdo em minhas redes sociais e neste livro me dá mais prazer de viver e de enxergar a vida como algo mágico.

Com frequência, é por focarmos naquilo que não gostamos, por mantermos um olhar condicionado apenas a enxergar os desafios, que acreditamos que a vida está ruim. Nesse contexto, o hábito de reclamar significa puxar tudo o que é ruim para a sua vida. Até aqui, se você já escreveu as suas metas da semana, do mês e do ano, você deve ter entendido que tempo é algo precioso e, portanto, perdê-lo significa perder algo precioso.

O desafio, portanto, é parar de priorizar o sofrimento.

Certo dia, alguém me disse que tinha faltado dinheiro no final do mês, e insistia nesse mesmo assunto. Acontece que o fato de faltar dinheiro já tinha passado, não havia necessidade de relembrá-lo a todo tempo. Afinal, de que adiantava se lamentar? Quando algo assim acontece, vamos resolver. Resolver, ao contrário de lamentar, é solucionar os problemas; buscar solução, ao invés de se concentrar nas dificuldades.

Se, por exemplo, seu marido não ajudou você no final do mês, sente com ele e converse. Eu e o Rodrigo fazemos isso constantemente. Quando estou esgotada, resolvo. Depois que falei, tentando buscar uma solução ao invés de reclamar, passou.

Um sentimento de raiva, de irritação, ou qualquer outro sentimento ruim, dura, em nós, apenas nove segundos. Para a sensação continuar em mim, eu preciso relembrar o que aconteceu.

Agora, existe aquilo que foge ao nosso controle. O que fazer com situações de fofoca, mentira, ou com pessoas que tentam prejudicar e detonar o outro? O que eu posso fazer para melhorar esse tipo de situação?

Além de não reclamar, pare de falar mal dos outros e de concordar com reclamações alheias.

Por exemplo, se sua amiga desabafar com você, falando mal do namorado, mesmo que ela tenha razão, você não deve falar mal dele. Não jogue a sua energia negativa em cima de ninguém. Mesmo que você concorde, não crie uma bomba atômica com suas palavras.

Quando as pessoas vêm até mim para comentar sobre as outras, não concordo com nada que não seja positivo. Quando estamos completos e focados, não temos tempo a perder.

Estou focada e meu foco é descobrir em que pontos posso ajudar para que a minha vida e a dos outros seja feliz. Devemos pensar em nós e em nossa família.

Portanto, foque em seus objetivos e em tudo o que você quer para a sua vida. O resultado dessa empreitada vai ser incrível; não há como ser diferente.

Abaixo, escreva todos os problemas que você enfrenta hoje e, na sequência, quais seriam as soluções para esses problemas. Após escrever as soluções, medite sobre como chegar até elas. Se o problema é um relacionamento, como seria uma conversa conciliadora? Se o problema é financeiro, qual seria a resolução para ele? De quanto você precisa para arcar com as dívidas? E em quanto tempo? Tente concentrar seu foco nas soluções, mesmo que a lista de problemas seja grande.

ELIMINE O LIXO MENTAL

Se tem algo que não funciona, é martelar coisas em nossa cabeça.

Eu tenho um caderno que é tudo para mim. Nele, eu escrevo tudo o que preciso fazer e, dessa forma, excluo a obrigação de pensar em algo que precise de atenção. Escolha você também um caderno. Pegue-o e esqueça o sofrimento; ignore os obstáculos. É você quem determina a sua vida.

O objetivo do dia é parar de pensar nos sofrimentos. Quando a Linda era bebê, por exemplo, eu acordava durante a noite para amamentá-la. Naquele tempo, eu estava focada em reclamar da falta de sono. Resolvi tirar o foco do que me incomodava e parar com as reclamações.

Nós, seres humanos, temos o hábito destrutivo de alimentar a nossa mente com pensamentos negativos, poluindo-a. Assim, nós ficamos vulneráveis e tomamos esses pensamentos como verdadeiros, deslocando nossa energia em função deles. Portanto, é preciso constantemente limpar a mente assim como limpamos nossa casa. Ela também produz muito lixo.

O que não adianta é fazer essa limpeza, através das técnicas que ensinei nas páginas anteriores, e continuar alimentando a mente de coisas ruins. Elimine de sua vida tudo aquilo que não é necessário. Identifique os pensamentos que não levam a nada e estabeleça um diálogo positivo consigo mesmo. Aceite as emoções – elas fazem parte de sua vida –, mas reeduque sua mente para que ela não fique condicionada a reclamar de maneira automática ou a acumular lixo mental. Está em suas mãos escolher como você quer se sentir; e não é preciso se sentir mal o tempo todo.

Lixo mental é aquele pensamento tóxico que acumulamos e que nos faz mal. É desafiador manter 24 horas por dia o pensamento voltado para as coisas positivas, e é natural que alguns sentimentos ou pensamentos negativos tentem nos perturbar, mas precisamos ser vigilantes em relação a isso. Devemos vigiar nossos pensamentos a todo momento e praticar o estado meditativo e de oração para não cair nas armadilhas das reações diante de problemas.

Cuidar da saúde mental é essencial para que a mente não fique intoxicada de pensamentos negativos.

Depois de fazer a lista dos problemas e das possíveis soluções, crie a lista das pendências; elas não podem minar sua energia. Certas questões se prendem em nossa mente, exigindo um grande espaço mental, e conferem a falsa sensação de que temos muito a fazer, quando na verdade o que temos são apenas pequenas tarefas a realizar. Faça a lista de atividades e de pendências para eliminar o excesso desses pensamentos; depois, faça uma faxina mental. Mas de quais formas? Vou ensinar agora.

ELIMINE O HÁBITO DA TELEVISÃO E DOS JORNAIS SENSACIONALISTAS

Jornais sensacionalistas estão repletos de notícias negativas: crimes e todos os tipos de crueldade, que alimentam a sua mente de medo e dor. Algumas pessoas mantêm o péssimo hábito de deixar a televisão ligada em canais de notícias. Pare imediatamente de ver determinadas notícias, elas mudam o seu estado, a sua energia e a sua sensação ou reação diante das coisas. Portanto, o meu pedido é que, pelo menos nesta semana, você esteja disposto a eliminar o hábito de ver os jornais e de ler as notícias.

Mas, Adriana, e se acontecer algo em meu bairro que eu precise saber? Acredito que, quando você precisa ter acesso a alguma informação, ela dá um jeito de chegar até você. Como costumam dizer, notícia ruim chega rápido. Eu e o Rodrigo, por exemplo, não temos o hábito de ver televisão.

Outro dia, em um lugar público, vi uma mãe alimentar a filha, enquanto na televisão passava a notícia da morte de uma garota após um estupro. Pior do que ouvir esse tipo de conteúdo, é ouvir esse conteúdo acompanhado de seus filhos – blinde-os desse tipo de informação.

As notícias prendem pelo medo, pelo desespero, pelo sensacionalismo e mantêm você refém dessas sensações. De repente lá está você, fazendo almoço, e o que se passa em sua cabeça? A violência que você acabou de ver na televisão. Nosso inconsciente começa a ser alimentado por aquele lixo tóxico – é como se a mente se envenenasse. Lembra que falamos sobre como você nutre a sua mente? Pois é, este é um aspecto importante: notícias ruins fazem com que você comece a focar apenas no aspecto ruim das coisas e não é isso que queremos.

Crie um arquivo que detecte o que o desanima, e evite tudo. Se uma notícia triste deixa você para baixo o dia todo, pare de se sabotar e de ouvir esse tipo de notícia.

FUJA DE CRÍTICOS, DE RECLAMADORES PROFISSIONAIS E DE VAMPIROS DE ENERGIA

A energia da reclamação é muito negativa. Ela acorda em nossa mente muitos outros conteúdos que estavam, até então, escondidos; são pensamentos negativos, disparados à maneira de um gatilho. De forma instantânea, ela derruba nossa força mental. Logo, podemos dizer que reclamar é contagioso. Portanto, se você quer evitar o lixo mental, afaste-se de pessoas muito reclamonas ou peça, pelo menos, para que elas parem de reclamar perto de você.

Como já foi dito, concordar com a reclamação alheia é igualmente perigoso, porque faz seu astral baixar. Por isso, não concorde e corte imediatamente esse padrão, seja no trabalho ou com familiares e amigos. Apenas o hábito de não reclamar, já faz com que pessoas da mesma energia se aproximem de você. Eliminar o lixo mental é também se afastar de tudo o que entope sua mente. Por exemplo, seguir redes sociais de pessoas com as quais você não concorda ou que incomodam de alguma maneira, faz mal apenas a você.

Outra poderosa maneira de criar uma blindagem em torno da sua energia, para mantê-la forte nos próximos dias, é esquecer as vozes que insistem em destilar críticas. Fuja de críticos, de reclamadores profissionais e de vampiros de energia. Fuja, sem culpa. Quando souber que alguém falou algo de você, não dê importância. Para que querer saber o que a pessoa disse sobre você? Se eu desse importância ao que as pessoas falam de mim, eu não faria nada. Então, elimine o hábito da fofoca, do fuxico, para saber o que andam falando a seu respeito.

Outro ponto importante é não deixar que as pessoas deem palpite na sua vida. Em minha vida, por exemplo, sempre fui focada e decidida. Nas poucas vezes que pedi a opinião das pessoas, ouvi negativas sobre meus projetos. Por isso, não peça a opinião de ninguém. Se você acredita que o que deve fazer é o certo, não corrompa o que é de sua índole. Siga com o seu projeto e não ligue para o que vão pensar.

Lembre-se sempre de que estamos na vida para perder e para ganhar. Afinal, o que seria da vida se tudo desse certo; qual seria a graça? Se eu ligasse para o que os outros pensam, eu estaria parada no tempo, preocupada com minhas quedas, sem possibilidade de me reinventar, acumulando lixo mental; alimentando minha mente de negatividade.

Então, não deixe que paralisem sua vida e seus sonhos. Se você segue os princípios do que aceita para sua vida, vá em frente. Não tem porque pensar no "e se?"; nele, muita vida já passou. Enquanto você perde tempo discutindo com pessoas que não vão mudar, o tempo já passou. Ao contrário de perder tempo com coisas que nada acrescentam em sua vida, siga em frente.

Lembre-se de que as pessoas mais frustradas são aquelas que não arriscam, que mais criticam, que estão mais preocupadas com a vida do outro do que com a própria. As pessoas bem-sucedidas, pelo contrário, seguem seu próprio caminho.

Acostume-se: as pessoas vão falar de você; não importa se você fez ou se você não fez, para elas, é natural falar dos outros.

O que importa se a sua mãe tem a certeza de que você não vai conseguir? Em minha vida, por exemplo, os sonhos mais loucos foram aqueles que se realizaram. Sonhos mais ou menos não têm graça; o que me atrai é a incerteza, a insegurança. Por isso eu digo: busque os desafios.

Cerque-se de pessoas que querem impulsioná-lo na busca pela crescente melhora. Os vampiros, que às vezes nos acompanham, aparecem apenas para reclamar; sugam nossas energias, sempre com interesse em algo. Eles estão preparados para nos colocar para baixo, especialmente quando sonhamos grande.

Por isso, crie frases que blindem você contra o que você não quer por perto:

"Eu sou mais forte do que qualquer coisa que possa vir contra mim".

Dessa forma, eu neutralizo as palavras que se esforçam para interferir em meus pensamentos e que vêm daqueles lugares que nem imagino existirem.

Crie o seguinte mantra para o seu dia a dia:

"Nada me para, somente Deus. Eu tenho o controle de quem está a meu redor. Se alguém não me faz bem, me afasto".

Lembre-se, ainda: todo mundo pode mudar. Quando conheci o Rodrigo, ele era muito otimista. Já eu, sempre pensava no pior cenário, porque tinha crescido assim, minha mãe sempre dizia para pensarmos no pior. Quando começamos a morar juntos, elaboramos frases positivas e as espalhamos por toda a casa; eram frases de certeza e de confiança.

Se existirem princípios e valores, para tudo dá-se um jeito. Se você estiver numa maré de azar e acredita que tem motivos para reclamar e ficar numa frequência negativa, a primeira coisa a fazer é limpar o lixo mental.

Finalmente, para acreditar em todo o seu potencial, é preciso manter a rotina que exemplifiquei nas páginas anteriores. Com disciplina, você poderá mudar sua vibração, sua energia e sua resposta aos acontecimentos. Com essa rotina você pode mudar a sua vida.

FAÇA ALGO SOZINHO, SEM CELULAR, UMA VEZ POR DIA

Criar momentos para você deve fazer parte da nova rotina que você incorpora agora em seu dia a dia. Como sugerido, se você vai limpar o lixo mental, também é hora de reciclar. As práticas diárias expostas neste livro farão com que você tonifique sua mente e refaça seus hábitos; no entanto, é bom cultivar momentos para criar, ter reflexões positivas e sonhar.

Para mim, por exemplo, é preciso apenas uma hora por dia: sem celular, sem ver ou ler nada. Um momento dedicado à solidão, sem as crianças, sem o marido. Você também precisa desse momento. Não tem como durante o dia? Tente fazer quando todos forem dormir. Essa é mais uma meta para os próximos dias.

NÃO OUÇA ÁUDIOS DE WHATSAPP

Agora, essa é uma medida desafiadora, mas eu proponho que você a adote nos próximos dias. Se queremos eliminar o lixo mental e fugir de energias negativas que podem nos atingir sem que estejamos preparados, precisamos estar vigilantes a tudo que entra em nossos ouvidos.

Você já percebeu como os áudios de WhatsApp podem afetar negativamente, com conteúdos que drenam nossa energia? Você pode notar: às vezes, quando estamos desprevenidos, um áudio chega e traz um conteúdo que não esperamos. Para piorar, se a pessoa tem a voz carregada, seja de lamentações ou de vibração e energia baixas, imediatamente mudamos o nosso padrão; e nem percebemos. Pequenas armadilhas como essa precisam ser evitadas de todas as maneiras. A minha estratégia é pedir aos outros que enviem textos, não áudios; já que eu não posso ouvir no momento.

Você pode não perceber, mas o áudio de alguém interfere diretamente na maneira como você se sente naquele momento. A voz do outro, que tenta contato, penetra em sua mente. Portanto, se a mensagem for urgente, como eu já disse, ela chegará até você.

PARE DE SEGUIR PESSOAS QUE TE INCOMODAM NAS REDES

Quando seguimos alguém no Instagram, é natural que comecemos a perceber seus hábitos. Por isso, sugiro que você pare de seguir pessoas que incomodam e este tópico é exatamente sobre isso.

Não é justo acompanhar a vida de quem você não tem paciência ou não admira. Uma faxina em suas redes sociais também deve fazer parte dos novos hábitos de que falamos: pare de seguir tudo o que rouba suas energias, sua atenção e não acrescenta em nada. Enquanto você observa os hábitos do outro, com senso crítico, e se incomoda, nada muda e o outro segue sendo quem ele é.

Muitas mães, por exemplo, seguem outras mães apenas para praticarem julgamentos; julgam umas às outras pelo modo de criação dos filhos.

Há algum tempo, houve uma época em que eu seguia muitos *blogs* de maternidade. Neles, conheci mães que queriam ser tão verdadeiras quanto à maternidade, que expressavam todo o cansaço envolvido naquela experiência, todo o sofrimento. O problema é que de sofrimento bastava o meu. Toda a minha carga mental, tudo o que eu precisava administrar e não conseguia e mais toda a carga de energia naquelas mulheres. Eu entendia da ideia de reconhecimento que muitas mães buscam em suas pares, mas quando notei que, mesmo com essa identificação, aquilo não me fazia bem, eu parei de seguir.

O que peço, então, é que você faça essa experiência de sete dias. Perceba que o melhor é que, ao contrário de esperar constantemente que as pessoas mudem, afaste-se você delas.

Detalhe abaixo os insights e as mudanças de comportamento observados ao adotar esses novos hábitos. Faça um diário do processo.

FAÇA UMA LISTA DE PESSOAS QUE ACRESCENTAM

A busca pelo conhecimento é importante e você pode fazer isso a partir de hoje.

É interessante observar quais são os canais que podem trazer novos conceitos e maneiras de olhar a vida, criando, assim, um novo jeito de viver. Se você busca, por exemplo, conselhos sobre organização financeira, busque uma referência em negócios; se for produtividade, busque uma referência em produtividade; se for autoestima, busque referências em autoestima; relacionamentos, filhos, e assim por diante.

Precisa de coragem? Precisa enfrentar algo? Tem projetos e não consegue tirar do papel? Procure canais que possam estimular você a ir além. Eu faço sempre: todos os dias assisto a um novo vídeo do Youtube que me acrescente algo. Investigue quais são os caminhos e os âmbitos de sua vida em que você precisa de um chacoalhão.

Escreva abaixo os canais que acrescentam algo em cada área de sua vida.

MANTRAS PARA O SEU DIA A DIA

Mantras são repetições que se fixam em seu pensamento. É como se você repetisse algo, para si mesmo, para ter a certeza daquilo e não sabotar a si mesmo. A partir de agora, crie seus próprios mantras. Repita frases que vão mudar a sua vida. A repetição dessas frases farão com que você consiga mantê-las em seu inconsciente.

CUIDADO COMO USA AS REDES SOCIAIS

As redes sociais foram criadas para que nos conectemos uns com os outros, mas devemos ter cuidado ao usá-las. A pergunta que faço agora é a seguinte: quem está no controle: a rede social ou você?

Esses mecanismos podem tornar-se sugadores de energia, verdadeiros ralos por onde descem as premissas de nossa existência – depois, quando percebemos, já é tarde demais, perdemos o controle. No WhatsApp, por exemplo, além do cuidado já mencionado com os áudios, atente-se para os grupos em que você está inserido. Esses grupos geralmente tomam nosso tempo. Em meu dia a dia, eliminei-os; quando tenho a necessidade de falar com alguém, não hesito, falo diretamente com a pessoa. A única exceção é o grupo da minha família, que eu mesma criei. Lá, a regra é enviar fotos das crianças, para que não percamos a ligação com elas. Já com minhas amigas, quando a saudade bate, eu ligo para elas, não fico apenas nas mensagens de texto. Essa real conexão, que dá sentido às nossas vidas, faz falta, não as mensagens padronizadas e sem contexto, perdidas no ar.

A partir de hoje, tome a iniciativa de seguir essa nova rotina.

Contabilize: quanto tempo você passa, todos os dias, em suas redes sociais? Tente controlar esse tempo, diminuindo-o para não ser vítima de mecanismos que tiram sua liberdade. Você pode descobrir que se tornou dependente das redes sociais e que perde muito tempo observando a vida alheia, mais do que a sua própria.

O PODER DA GRATIDÃO

A partir de hoje, incorpore um novo hábito em sua rotina, pode ser logo pela manhã, para ser ainda mais poderoso, ou ao longo do dia: estabeleça uma rotina de gratidão.

Muitos dos mágicos hábitos de que falei foram criadas para ajudá-lo a realizar seus sonhos. É preciso um estado de espírito maravilhoso para começar a atrair bênçãos em sua vida. Se você já está incorporando esses novos hábitos, saiba que o melhor combustível para o sucesso é a gratidão. Por exemplo, todos os dias eu agradeço pelo menos três acontecimentos em minha vida; eles variam a cada dia: posso agradecer por minha comida, por ter frequentado um lugar novo, por ter vivido um dia sem brigas, pela palavra que minha filha disse, todo dia tento enumerar as coisas que me deixaram feliz.

Para começar, faça você uma lista de dez coisas pelas quais você agradece – pode ser por seu corpo, sua saúde, seus filhos, sua casa, pelas oportunidades de se reinventar diariamente, pelo nascer do Sol etc.

A gratidão é o ponto de virada em nossas vidas.

Talvez você não saiba, mas se você conservar mais de 50% do total de seus pensamentos e sentimentos, em pensamentos e sentimentos positivos, pronto, você alcançou o ponto da virada. Ou seja, basta 51% deles para que sua vida mude para a melhor. Perceba como o reequilíbrio é algo simples de se alcançar. Quando irradiamos pensamentos positivos, como o amor, o amor também volta para nós em diversas formas e circunstâncias – é como se você criasse um ímã, ao seu redor, que atrai mais coisas positivas e benéficas. Essa dinâmica, que é eletromagnética, é explicada pela Ciência. Suas energias vibracionais entram numa frequência em que você é capaz de atrair o que quiser.

Vou começar com um exemplo prático. Você pode perceber que, quando você está em um dia bom, feliz, as coisas fluem naturalmente, tudo parece dar certo, os caminhos se abrem com facilidade e você parece viver uma vida energizada e feliz. Agora, basta começarem os pequenos desafios, que mudam seu estado de espírito, que sua energia cai. Por isso, é preciso fazer a limpeza do lixo mental e emocional, de que falei anteriormente, fortalecendo e blindando nossa mente para que ela permaneça firme e não se deixe abater. Quando você inicia o dia se sentindo feliz e se mantém assim, o dia naturalmente se torna maravilhoso.

Portanto, a única razão para as tais marés de má sorte existirem é a sua reação a cada novo acontecimento: se você cultiva amor e bons pensamentos, você está aberto para uma vida encantadora, livre de problemas, e adquire forças positivas que, como consequência, atraem mais harmonia para sua vida.

Logo pela manhã, já podemos atingir o tal ponto de virada. Imagine que, ao incorporar os novos hábitos diariamente, você irradiará emoções positivas desde a primeira hora do dia. A partir daí, você fica leve, de bem com a vida, e focado em aspectos positivos, no "hoje".

Tudo no Universo possui um campo e uma frequência eletromagnéticos, inclusive os pensamentos e os sentimentos. Tudo que você sente determina a frequência que você vibra e a frequência com a qual você atrai pessoas e acontecimentos. Se tudo está ruim, é porque a sua vibração está ruim. Logo, você precisa mudar a frequência de sua vibração. Mas como? Ao praticar o que ensinei até aqui, você começa a mudar a maneira como se sente, começa a ser o protagonista, o responsável pelos seus atos diante da vida. Não podemos deixar a vida no piloto automático. Nossos sentimentos são a reação ao que acontece conosco. Para mudar a realidade externa, é preciso mudar a maneira como nos sentimos em relação ao que queremos.

A energia da culpa, da reclamação e das críticas nos deixam num estado de baixa frequência que acarreta conflitos para a nossa vida. Além dos pensamentos, também é preciso cuidar do vocabulário, e os dois devem estar alinhados. Se, a cada dia, temos a incrível oportunidade de acordar para uma nova vida, é nossa a responsabilidade de mudar nosso futuro, ao mudar a maneira como nos sentimos. Isto é, a maneira como você se sente diante dos acontecimentos está, única e exclusivamente, sob seu controle.

Mas, Adriana, o que a gratidão tem a ver com isso? A gratidão é uma grande multiplicadora de bênçãos. Quando nos sentimos gratos pelo que temos, não importa quão pouco possa ser, nós vamos receber mais e mais. Se, por exemplo, nos sentimos gratos pelo dinheiro que temos, mesmo que seja pouco, nós vamos receber mais. Alguns dizem que se a única prece que dissermos durante o dia for "obrigado", ela já é suficiente.

Como vimos, praticar a gratidão é importante. Porém, de nada adianta se ela for da boca para fora. Ao fazer a sua lista de agradecimentos, sinta verdadeiramente a gratidão – vocês se lembram, são os sentimentos atrelados aos pensamentos que mudam a sua frequência. Por isso, não adianta agradecer sem sentir a gratidão.

Se existisse uma vacina contra a negatividade, essa vacina chama-se gratidão. Perceba que é impossível se sentir triste ou ter sentimentos negativos quando nos sentimos gratos. Se estamos diante de uma situação difícil, podemos transformá-la, mas apenas se criarmos um estado de espírito forte e sadio. No dia a dia, não percebemos que recebemos muito mais do que damos, isso porque estamos condicionados a olhar para a escassez, nos conectando ao que falta, ao invés de nos conectarmos ao que deu certo até aquele momento.

Reveja sua trajetória a partir do filtro da gratidão: agradeça por todos os pontos de virada, por estar vivo; use a oportunidade dada por Deus para multiplicar as bênçãos em sua família e criar uma vida de milagres. Com isso, você pode transformar a vida de todos ao seu redor, pode ser a fonte geradora de amor e de alegria, pode ter o *Toque de Midas* – não precisa esperar ganhar na loteria para ser feliz. Hoje, quando acordo e começo minha rotina praticando todos os hábitos que descrevi, vejo meus filhos e me emociono. Quando eles acordam, estou tão energizada e numa frequência radiante de amor que só consigo expressar esse amor a eles. Por eles, eu me torno uma pessoa melhor. Por meu marido, me torno uma esposa melhor. Eu me torno uma criadora de amor e tudo que vejo, vejo com esse filtro, agradecendo pela oportunidade maravilhosa de ter uma vida abençoada.

Os mesmos dias, que eu costumava ver com o filtro da reclamação, da escassez, da falta, do medo, da insegurança, já foram tristes e sombrios. Então, o que mudou? Eu mudei, internamente, a partir de todas práticas. Em especial, foi exercitando a gratidão que me tornei alguém que vê a vida de uma maneira mais próspera. Quando agradecemos, nos sentimos bem em relação a tudo o que vivemos; a vida se torna mais divertida e irradiamos boas vibrações pelos lugares em que passamos. Sabe o famoso "pó de pirlimpimpim" dos desenhos animados? Suspeito que seja gratidão.

Por isso, se você enxerga apenas aspectos negativos na vida, não reaja e pare de acionar o botão da negatividade. O campo energético de cada um, repleto de energias, boas ou não, depende da sua frequência vibracional. Se você anda absorvendo energias pesadas de todos ao seu redor, trabalhe isso dentro de você; a sua postura deve ser sempre de respeito e gratidão. Você precisa exalar positividade para absorver o que há de positivo nos ambientes por onde circula. Dessa forma nós contagiamos os ambientes, ao invés de nos contaminarmos por eles.

Usar nosso poder mental a nosso próprio favor é extraordinário. Temos que zelar pelos nossos ambientes tornando-os saudáveis, agradáveis para o convívio. Para tornar isso possível, é preciso: otimismo incondicional, vibrações positivas, o hábito contínuo da oração, expressões de amor, indiferença às reclamações de terceiros e apenas vibrações positivas; essas são as formas de criar uma psicosfera rica de prosperidade, para que nos vejamos livres dos problemas. Dentro de nós está a chave para a transformação pessoal e podemos utilizar todo o nosso potencial de energia interior, que não utilizamos adequadamente.

Você vai perceber que apenas o fato de enumerar as suas bênçãos, fazendo a lista da gratidão, triplicará a sua sensação de bem-estar. Você será capaz de medir a quantidade de gratidão que sentia a cada dia e quanto mais gratidão sentir, mais plenitude. Dessa forma, nossa vida muda rapidamente.

O escritor Charles Dickens dizia que refletir sobre as bênçãos do presente e não sobre os infortúnios do passado é vital para que tenhamos uma vida plena. A Ciência confirmou a sabedoria dos grandes mestres do passado por meio de pesquisas que demonstram que pessoas gratas possuem vidas mais prósperas. O mais curioso disso tudo é que a cada queixa que se faz, seja em forma de pensamentos ou de palavras, são precisos dez fatos positivos para encontrar o reequilíbrio. A cada dia, por exemplo, eu pratico o exercício de criar a minha realidade; nessas situações, já criei quadros mentais positivos para eventos que eu desejava que acontecessem e eles deram certo, de fato aconteceram; sobre eventos dos quais eu desejava participar, e eu participei; por fim, criei até mesmo uma tela mental sobre este livro, que você lê agora. Criar a realidade em sua mente é a chave para o sucesso e nada melhor que a gratidão para que você se conecte a esse hábito.

Agora, você percebe o poder da palavra e o poder dos sentimentos que você emite? Percebe a importância da lista de gratidão em sua vida? Depois de voltar a sua atenção para o que é positivo, você precisa fazer as suas relações prosperarem.

Não importa qual seja o seu temperamento, quando você mantém uma postura grata diante da vida, você se sente transformado, você exala e vibra compaixão e aquelas pequenas coisas que antes irritavam passam a não mais incomodar. O escritor Thornton Wilder nos diz que só podemos dizer que estamos vivos nos momentos em que nosso coração está consciente dos tesouros que possui. Sabemos quanto as palavras são poderosas. Se reclamamos, nós prejudicamos a nossa vida e a vida de quem está ao nosso redor – é importante manter em mente: nós atraímos para nós tudo o que dizemos ou pensamos sobre os demais.

Está certo, talvez você acredite que não tem motivos para agradecer. Mas agora eu quero que você reflita sobre o seguinte: se não há nenhum motivo que anime você, pense que existem trilhões de células que trabalham incansavelmente por você 24 horas por dia; seus órgãos trabalham por você, filtrando e purificando seu sangue a todo tempo –por si só isso é algo divino. Agradeça, portanto, pelo funcionamento de seu corpo, se você ainda assim não encontrar nenhum motivo pelo qual agradecer. Ou, agradeça pelos batimentos de seu coração; pelo auxílio de seus órgãos vitais; pelo ar que você respira. É engraçado, mas você já percebeu que é quando a saúde falta em nossas vidas, que damos valor à ela? E por que não damos valor antes que ela falte? Por que não agradecemos o fato de estarmos vivos antes que uma doença nos acometa e nos lamentemos?

De hoje em diante, prometa a si mesmo que você irá agradecer todos os dias por alguma coisa que ganhou, que recebeu, ou pela vida que tem. Cada dia é único e a vida está em eterna mutação. Por isso, entenda a magia e a importância de criar uma rotina milagrosa para você.

Listas de gratidão a fazer

LISTA DE GRATIDÃO PELA SAÚDE

LISTA DE GRATIDÃO PELAS RELAÇÕES

LISTA DE GRATIDÃO PELO DINHEIRO

LISTA DE GRATIDÃO PELO TRABALHO

LISTA DE GRATIDÃO PELAS SIMPLES COISAS DA VIDA

LISTA DE GRATIDÃO PELAS PESSOAS QUE MUDARAM A SUA VIDA

LISTA DE GRATIDÃO PELO QUE VIRÁ

TRANSFORME-SE COMO UMA FÊNIX

"O homem cresce conforme a largura de suas intenções e míngua conforme a estreiteza de suas intenções. Deus inicia o homem, mas este tem de concluir a si mesmo".
Reverendo Charles H. Parkhurst

Pratique o otimismo. Tudo o que alguém considerar um problema ou um obstáculo, reclassifique como oportunidade. Você deixará as pessoas negativas loucas, mas, afinal, qual é a diferença, não é isso o que elas fazem consigo mesmas o tempo todo?

Talvez você ainda não tenha se dado conta de como você pode se reinventar a cada dia. Você é capaz de romper com os limites que o seguram e evoluir, mudando a maneira como percebe o mundo e a realidade à sua volta.

Hoje, vivemos uma fase em que tudo é comprovado cientificamente. Nesta Era, com as descobertas científicas, posso afirmar que temos o poder de criar a realidade que queremos – ou seja: tudo é possível. O pensador chinês Confúcio já dizia: "Não importa que você não vá rápido, contanto que não pare". Portanto, não desanime, se as mudanças estão sendo gradativas, o que importa é estar na direção de seus objetivos. Quando queremos algo melhor para nossas vidas, estamos dispostos a mudar a maneira como agimos.

Por exemplo: você comprou este livro, uma ferramenta que trará um salto de qualidade em sua vida, e isso está relacionado com a sua predisposição em transformar a sua realidade. Em minha vida, eu sempre me reinventei e transformei a minha realidade.

A partir desta fase, tudo está em constante mudança, quero que você perceba os efeitos positivos: você se sentirá mais disposto, terá uma maior consciência da realidade e sua frequência de energia será mais alta; você vibrará amor, generosidade, felicidade e entusiasmo.

Agora, você tem o mapa para se sentir mais positivo, é só colocá-lo em prática. A monja budista Pema Chödrön, certa vez nos disse:

"Mesmo que você viva cem anos, o tempo na verdade é curto. Então, por que não aproveitá-lo para viver este processo de evolução, abrir a mente e o coração, entrar em contato com a sua verdadeira natureza – em vez de esmerar-se cada vez mais em fixar, agarrar, congelar?".

É essencial sonhar e querer viver plenamente o tempo que se tem para viver. Para isso, devemos intencionalmente escolher aquilo que desejamos e em que tipo de realidade queremos viver. O poder do momento presente consiste no fato de que é nele que você pode criar: praticando meditação, as preces diárias, as dádivas da gratidão, renovando-se de modo constante para encontrar um estado positivo em que a maré vira e a saúde e a felicidade aumentam em níveis absurdos. Trata-se apenas de criar novos hábitos para que você consiga manter a frequência certa de energia, administrando a sua maneira de se sentir para poder realizar cada vez mais.

Acredite: a vida nos ajuda a fazer e a ter tudo aquilo que precisamos. Ao colocar essas rotinas em prática, garanto que você viverá uma mudança de paradigmas incrível – essa transformação acontece de dentro para fora e nos coloca na direção certa para vivermos nossa melhor versão. Assim, realizar metas se torna consequência natural da vida; sem qualquer esforço, você se torna mais autêntico e essa autenticidade faz de você único.

Certa vez me perguntaram, durante o Power House, evento promovido pelo empresário Flávio Augusto, como conquistar uma grande audiência nas redes sociais. Respondi que não adianta procurar por fórmulas, a grande fórmula é assumir a si mesmo, assumir quem você é, sem medo de ser criticado, sem medo de retaliações; isto é, se colocar diante da vida, com suas ideias, seus ideais, sua vontade genuína de mudar o mundo, e mostrar sua face. Quando nos sentimos livres dos julgamentos, fazemos o que queremos e agimos conforme nossa intuição. Nós conseguimos materializar o que queremos porque não somos escravos de conceitos engessados, nós somos criadores da nossa própria realidade, mesmo que lá fora todos digam o contrário.

Hoje, sinto-me com energia e imaginação infinitas. Minha criatividade me possibilita ir cada vez mais longe, criando a minha vida dos sonhos. E eu digo que não há certo ou errado a fazer, o que funciona é deixar a sua alma se expressar em tudo aquilo que você fizer.

A Física Quântica nos explica que temos futuros ilimitados e que eles podem se tornar reais. A realidade que ocorre é aquela em que prestamos mais atenção. Pode ser que você dê tanta atenção às dívidas e aos problemas, que essa realidade, além de mais perceptível, se retroalimenta. Como já comentamos, o seu nível de energia e sua frequência, quando conectados com determinado assunto, causam a repetição em sua vida. Portanto, se é para se conectar com algo, que seja com seus sonhos. Afinal, cadê aquela criança que vivia dentro de você e não parava de sonhar e de imaginar?

Recentemente, fiz uma viagem à Disney com o Rodrigo e os meus filhos. Diante daquele mundo mágico, me vi criança novamente, como aquela garota que criava realidades e sonhava realizá-las. Aquilo que o produtor Walt Disney sempre dizia – "Se você é capaz de sonhar, é capaz de realizar" – alimenta a minha vontade de querer sempre mais, de buscar mais e de sonhar mais. Força de vontade não é resistir, forçar ou controlar, é escolher. Escolha a vida que você quer. A sua frequência original, aquela que nasceu com você, é do coração. Devemos preencher o mundo com a frequência com a qual nascemos – nascemos expandidos, amorosos.

Estou convencida de que a criação de realidade é uma consequência da maneira como nos sentimos em relação à vida e a nós mesmos. Nunca se esqueça de que um problema é sua chance de dar o melhor de si. É possível transformar o modo de ver os problemas. A escritora Marianne Williamson diz que temos o poder de consertar tudo e que essa é nossa divina autoridade do amor. Temos a capacidade de renovar as ideias e de renovar o mundo em que vivemos. Tudo que ocorre em todos os processos envolve a transformação da energia: todo pensamento, toda sensação, toda emoção são produzidos através das trocas de energia.

Até aqui, você já eliminou o pensamento negativo e os hábitos emocionais ruins, já dissipou todas as formas que impossibilitaram a sua expansão, e começou a sonhar sem bloqueios sobre o que você merece ou não. Encare os seus sonhos de maneira sublime, concentre-se no amor de sua alma e entre em sintonia com a sua essência para fazer este exercício.

A seguir, proponho a lista dos objetivos. Nela, quero que você relacione os seus objetivos financeiros, pessoais e profissionais. E mais, escreva detalhadamente o que pode ser feito para que cada um deles se realize. Quero que você sinta essa experiência com toda sua alma e permita que venham os desejos de seu coração. Ainda que você não saiba como realizar o que você quer, escreva, pelo menos, o que quer.

OBJETIVO FINANCEIRO

OBJETIVO PESSOAL

OBJETIVO PROFISSIONAL

AME SUAS IMPERFEIÇÕES

Como compartilhei com vocês, já fui julgada de todas as maneiras. Quando comecei a escrever este livro, por exemplo, ouvi que não teria conteúdo suficiente para compartilhar com as pessoas, contribuir com suas vidas. Acredito que todos nós devemos nutrir o intenso desejo de compartilhar com o mundo tudo o que nos faz bem e esse foi o propósito deste livro. O compartilhar deve ser feito, mas sem arrogância.

Sabemos, portanto, que o preconceito existe e se nos deixamos limitar por ele, paramos nossa vida, estagnando-a. É preciso amar as nossas imperfeições.

Agora, proponho que você também honre e aceite a sua história. Eu tenho orgulho de viver o que vivi e aceito o que tenho hoje. Aceito, respeito e honro minha história. Tudo é culpa minha; tudo é responsabilidade minha, os erros e os acertos.

O escritor Tony Robbins, a quem já evocamos aqui, afirma que não é a sua condição que determina o seu destino, mas a sua opção. E temos milhões de exemplos de pessoas que nada tinham na vida, que passavam fome, e conseguiram mudar radicalmente suas vidas. Por isso, faço os seguintes questionamentos: quantas coisas abri mão para ter a vida que tenho hoje? Como posso honrar a minha história?

Liste as imperfeições que fazem você único:

Se você está em um relacionamento, não se esqueça de ter momentos a sós com o seu parceiro ou sua parceira.

Eu e o Rodrigo, por exemplo, combinamos que, sempre que possível, teríamos os nossos momentos. Certa vez, quando estávamos vivendo um ritmo intenso de trabalho e de dedicação extra para os filhos, percebemos que precisávamos dar um gás na relação, precisávamos de um momento apenas para nós dois, e decidimos fazer uma viagem. Foram apenas quatro dias, e nem tudo foi perfeito. Apesar de a viagem ter sido incrível, assim que saímos de casa, Linda teve febre e foi diagnosticada com roséola.

Longe de casa, conversei com a pediatra que me garantiu que ela estava ótima, se recuperando com os avós, sendo cuidada. A prescrição médica, não para Linda, mas para nós, foi de cuidarmos de nós mesmos. No fim, tudo deu certo.

Por isso, pergunto: por que não cuidar de seu relacionamento?; por que não cuidar de seu casamento?.

Eu e o Rodrigo também temos uma prática de um dia da semana marcarmos uma espécie de reunião. A nossa acontece às quintas, às nove horas da manhã.

Esse é o momento que o casal vai para um lugar reservado, a sós. Durante cinco minutos, um fala tudo o que o outro fez de incômodo ao longo da semana. Nesses cinco minutos, quem não tem a palavra, deve apenas escutar, sem retrucar. Depois, nos cinco minutos seguintes, a mesma pessoa continua e fala o que perdoa e o que pontua. Nos últimos cinco minutos, ressalta-se tudo o que se ama no outro.

Então, a dinâmica consiste em você falar durante quinze minutos e o outro escutar; depois, troca-se, e o parceiro fala tudo o que também o incomodou, o que perdoa e o que ama.

Esse exercício faz muita diferença em uma relação a dois.

Escreva abaixo quando e como você vai criar momentos de intimidade com seu parceiro.

CRIE UMA NOVA REALIDADE DE TRABALHO

Neste livro, registro e relato tudo o que aplico em minha vida e que funciona. Certas práticas, absorvi dos livros que também li. Um deles, o *Trabalhe 4 horas por semana*, de Tim Ferriss, propõe soluções práticas que melhoram nossa produtividade no dia a dia. Com base nas soluções sugeridas por Feriss, criei a minha própria rotina de soluções, que você verá a seguir. Meu conselho é que você as incorpore em sua nova rotina.

Quando se aprende como ser mais produtivo, você consegue fazer mais com menos e em menos tempo. E o tempo que você "cria" lhe dá oportunidade de fazer o que você quiser, como passear com sua família, viajar e conhecer uma nova cultura. Já parou para pensar na diferença entre ser eficaz e eficiente?

Eficácia é fazer as coisas necessárias para deixá-lo mais próximo de seus objetivos. Eficiência é fazer uma determinada tarefa (seja importante ou não) da forma mais econômica possível.

Para ser mais produtivo, comece a aplicar uma a uma dessas dicas em sua rotina. Busque, ainda, ter sempre em mente a eficiência e a eficácia quando for realizar suas tarefas.

Desligue o alerta sonoro
Desative no seu celular o *push notification* e o alerta sonoro para verificar *e-mails*; receba-os somente nos horários definidos.

Não veja os *e-mails* ou as mensagens de celular logo que você acorda
Ao invés de ver os *e-mails* assim que acordar, você deve fazer sua tarefa mais importante antes das onze horas; assim, você evita o almoço ou a leitura de *e-mails* como uma desculpa para adiá-la.

Confira o *e-mail* duas vezes ao dia (12h00 e 16h00)
Esses são os horários mais prováveis para que você receba respostas para seus *e-mails.*

Você precisa entender que as mensagens podem esperar; não seja escravo nem do WhatsApp, nem de *e-mails.* Aos poucos, as pessoas irão perceber que você tem um tempo de espera para responder.

Reuniões – evite-as o máximo possível
Você conhece aquela máxima "sobrevivi a uma reunião que poderia ser um *e-mail*"? Pois é: seu tempo é precioso. É sempre mais rápido responder a um *e-mail* do que ficar trinta, 45 minutos ou duas horas com a pessoa.

Peça que mandem *e-mail* com a pauta da reunião
Uma reunião sem um objetivo não deve existir; os objetivos devem ser enviados por *e-mail.*

Reuniões devem ser feitas para tomar decisões, não para definir um problema.

Decisões que podem mudar minha rotina de trabalho:

SE VOCÊ QUER TER DINHEIRO, ANTES, SAIBA SE PLANEJAR

Sempre planejei tudo na minha vida, dos pequenos aos grandes sonhos, eu sabia que precisava planejá-los. Para converter sonhos em realidade, você precisa ter metas financeiras específicas. Agora, é preciso quantificar as suas metas e esse exercício não serve para desanimá-lo. Saber quanto você precisa para comprar o carro dos seus sonhos e a casa que deseja, é se situar diante da realidade para ter uma noção concreta do quanto precisa agir para a conquista do seu objetivo. Essa noção dará impulso quando você pensar em fraquejar. Essa noção vai fazer você acordar mais cedo, dormir mais tarde, trabalhar o quanto for preciso para não desistir no meio do caminho.

Muitas pessoas que conheço preferem desviar do assunto "dinheiro", elas vivem e gastam e não encaram a realidade. Criar a nossa realidade é bom, mas lembre-se do que falei no começo deste livro: temos asas para voar, mas, de vez em quando, precisamos ter os pés no chão.

Dinheiro é algo que traz preocupação a 99% das pessoas, mas a maioria delas não se planejam para conquistar o que querem, nem sabem administrar o que ganham. Eu costumo anotar todo e qualquer gasto, das despesas fixas até o estacionamento do dia. Depois, sei onde está o desperdício e o que fazer para evitá-lo. Nesse pente fino você pode detectar que a conta de energia aumentou porque ninguém teve consciência de desligar a luz quando saiu de um cômodo ou que você exagerou nos finais de semana – se pode ser solucionado, não é um problema.

Este controle me ajuda a valorizar tudo o que tenho e o que conquisto em minha vida. Em nossa casa, o Rodrigo cuida dos investimentos e sabe fazer o dinheiro render. Já eu controlo e coloco tudo na ponta do lápis, administrando gastos com consciência.

Faça a sua planilha de gastos referente a um dia para perceber como existem gastos que você nem percebe, invisíveis. Exemplos: água, luz, supermercado.

FAÇA UMA RESERVA DE EMERGÊNCIA

Agora, você já sabe quanto custa o seu sonho e é necessário criar uma maneira de guardar aquilo que ganha para realizá-lo. Reservas são importantes, pagamentos para sua poupança são garantias efetivas de que você terá uma reserva.

Minha reserva de emergência corresponde a seis meses, ou seja: para saber quanto você vai precisar, é necessário saber quanto você gasta atualmente. Estamos sujeitos a oscilações na economia e a eventuais derrocadas, logo, precisamos nos prevenir assim que mudamos nosso padrão e sabemos o que queremos. Se você não conseguir guardar dinheiro, é preciso encontrar uma maneira de resolver essa situação. Mas como? Descubra, em seu orçamento, como cortar alguns gastos; identifique os gastos supérfluos e corte-os ou economize onde você já gasta.

Sempre sugiro que as pessoas encontrem soluções criativas para novos trabalhos. Se você sabe fazer e produzir algo, venda-o. Se você conhece um lugar incrível, onde é possível encontrar roupas legais, compre e revenda para suas amigas. Se você sabe escolher *looks*, venda bijuterias. Busque soluções criativas dentro do que você sabe e pode fazer hoje. Vale tudo, inclusive usar seu tempo ocioso para trabalhar como motorista de aplicativo.

Crie as oportunidades se elas não existirem.

Quando faltar vontade, releia suas metas e seus sonhos, eles lhe darão força para lutar e descobrir o real significado de sua vida. Você também precisa do seu porquê. O prazer de trabalhar virá porque você vai lembrar da grande recompensa que ele proporciona.

PLANOS SÃO SONHOS EM AÇÃO

Ter coragem significa agir com o coração – esperar que tudo esteja favorável para, apenas depois, agir, é não agir nunca. Portanto, para tirar seus projetos do papel, é necessário sonhar e agir.

Com planejamento, entusiasmo e ação, eu sempre conquistei tudo o que queria em minha vida. Uma fé inabalável me movia e eu agia em direção aos sonhos incansavelmente. O planejamento me possibilitou concluir a faculdade, participar de um *reality show* e criar uma carreira próspera. Planejei meus filhos, planejei meus projetos pessoais e profissionais e sempre agi, sem medo de que tudo pudesse dar errado.

A partir de agora, eu gostaria que você criasse a lista dos sonhos que pretende realizar a longo prazo, aqueles sonhos que precisam de atenção e manutenção constantes. O sonho pode ser morar fora ou construir uma casa – o que você quiser –, mas tem que ser um sonho grande. Com esse sonho em mente, você vai, a partir de hoje, dar passos em direção a ele: pesquisar como as pessoas que conquistaram esse sonho agiram, ler biografias de quem chegou onde você quer chegar; ou seja, você vai colecionar modelos de sucesso.

Qual é meu grande sonho?

Em quem eu posso me inspirar?

SEJA FELIZ SENDO VOCÊ MESMO

Tudo pode ser, se quiser será...
O sonho sempre vem pra quem sonhar...
Tudo pode ser, só basta acreditar...
Tudo que tiver que ser, será...
Tudo que eu fizer...
Eu vou tentar melhor do que já fiz
Esteja o meu destino onde estiver...
Eu vou buscar a sorte e ser feliz
Tudo que eu quiser, o cara lá de cima vai me dar...
Me dar toda coragem que puder...
Que não me faltem forças pra lutar...
"Lua de cristal", Xuxa

No dia em que ouvi essa música, ela se tornou um sinal para mim, um sinal que me cobriu de forças e me mostrou que eu poderia sonhar e realizar, desde que eu sempre fizesse o meu melhor, que sempre tentasse ser feliz.

Que nunca nos falte coragem para realizar nossos sonhos – a coragem e o entusiasmo são potentes motores que nos impulsionam adiante. Mas, acima de tudo, que você tenha a coragem de ser você mesmo, de ser quem você é, sem reservas, de aceitar a si mesmo e não mudar sua essência para agradar aos outros ou para encaixar quem você é aos padrões que os outros acreditam ser mais adequados.

Em meu caso, ser quem eu sou, sem tentar mudar a mim mesma para me enquadrar em qualquer padrão representativo de uma jovem empresária, foi como, na verdade, me tornei eu mesma, minha própria referência, uma mulher possível: sou mãe, empresária, esposa, e sou tudo o mais que eu quero ser, porque às vezes sou criança, sou jovem e não perdi, em nenhum momento, o brilho no olhar, aquele que me fazia acreditar em sonhos.

Portanto, que você também nunca perca o seu brilho no olhar, que você não perca a incrível capacidade de sonhar, porque perder a vontade de sonhar é morrer aos poucos, em doses homeopáticas. Não deixe a depressão tomar conta de você. Alimente seus sonhos todos os dias. Regue-os com cuidado, saiba que eles são importantes, preciosos, e que devem ser preservados, e não deixe que zombem deles. E mesmo que zombarem, não desista: quando você os tiver conquistado, essas mesmas pessoas se aproximarão de você para dizer o quanto sua coragem foi acima da média.

A você, desejo que mantenha, sempre, esse espírito de criança. Que você não tenha medo ou vergonha, por exemplo, de usar como referência grandes escritores ou uma música de autoria da Xuxa, igualmente inspiradora. Que você possa ser você mesmo, dotado de toda a sua certeza interna, que guia e protege você de todo o mal. Que sua vida seja uma grande oração.

Lembre-se de desfrutar da vida com sabedoria: ela acaba tão depressa e nos preocupamos tanto. Por isso, não desperdice tempo com medos tão insensíveis; lute por aquilo que você acredita, sempre conservando aquilo que há de mais bonito em você.

Seja você mesmo, ainda que isso custe caro, mesmo que tentem endurecê-lo, mesmo que a vida insista em deixá-lo triste, cansado, sem diversão. Crie seus momentos de diversão, crie suas risadas, crie hábitos poderosos que farão você relembrar daquela criança que habita aí dentro.

Seja um portal de luz e alegria, em qualquer lugar que esteja. Podem chamar você de bobo, de infantil, podem duvidar de você e pedir, até, a sua identidade, como se preocupar-se e ter mais idade fizesse de nós pessoas mais sérias ou respeitadas. Para tudo isso, não ligue, não se importe. Seja qual for sua idade, tenha a certeza de que as realizações podem ser feitas em qualquer idade. Por isso, não menospreze quem é mais jovem que você, não despreze a voz de seus filhos. Tente ser criança, enxergar a vida como uma criança, ver a bondade e a beleza todos os dias.

Que essa profecia, que pode ser realizada por você mesmo, também seja uma poesia em sua vida, e que um mundo de bondade e beleza seja sempre possível para todos nós. Sonhemos, porque sonhar, não custa nada. E realizar sonhos faz um bem danado para a alma.

ADRIANA SANT'ANNA, empresária, começou sua carreira como modelo, se formou em odontologia e enxergou a oportunidade de mudar a vida das pessoas compartilhando aprendizados e representando marcas em mídias digitais.

Mãe, esposa, palestrante. Uma mulher comprometida em impactar pessoas e fazê-las refletir sobre como podem ser capazes de realizar sonhos.

santanaadriana

FOTO DE CAPA: Rodrigo Bacellar

Fontes AMALIA, GT EESTI
Papel ALTA ALVURA 75 g/m²
Impressão IMPRENSA DA FÉ